LAS ARENAS DEL ALMA

DANTE GEBEL

Vida

La misión de Editorial Vida es ser la compañía líder en satisfacer las necesidades de las personas con recursos cuyo contenido glorifique al Señor Jesucristo y promueva principios bíblicos.

Las arenas del alma
Edición en español publicada por
Editorial Vida – 2004, 2017
501 Nelson Place, Nashville, TN 37214, Estados Unidos de América

©2004, 2017 por Dante Gebel

Editora en Jefe: *Graciela Lelli*
Adaptación del diseño al español: *Grupo Nivel Uno, Inc.*

ISBN: 978-0-829-76842-8

Categoría: Vida cristiana / Crecimiento personal

Impreso en Estados Unidos de América
Printed in the United States of America

24 25 26 27 28 LBC 19 18 17 16 15

LAS ARENAS DEL ALMA

CONTENIDO

Dedicatoria   7
Prólogo por Alberto Motessi   9
Introducción: Menos el cielo   11

Capítulo uno: Me lo dicen tus ojos   19
Capítulo dos: Un almuerzo divino   37
Capítulo tres: Amigos de carne quemada   49
Capítulo cuatro: El directorio del Reino   61
Capítulo cinco: Cuando debió y pudo   73
Capítulo seis: La noche del día   89
Capítulo siete: El desierto personal,
                  primer día de camino   101
Capítulo ocho: El desierto espiritual,
                  segundo día de camino   119
Capítulo nueve: El desierto ministerial,
                  tercer día de camino   139
Capítulo diez: Mucho más que peces   159
Capítulo once: Hay movimiento allí arriba   175
Capítulo doce: El grito de un ángel   187

Conclusión: Lo has hecho bien   203
Acerca del autor   207

DEDICATORIA

A todos aquellos que alguna vez se vieron obligados
a transitar por el desierto de las crisis, y aun cuando
sus fuerzas flaquearon, siguieron confiando en el Señor.
A ellos vaya mi palabra de honor, que luego de leer este
libro, si acaso tuviesen que regresar por esas arenas,
estoy seguro, lo harán con una sonrisa.

PRÓLOGO

Cada vez que lo escuché personalmente, ministró de manera poderosa a mi corazón. En medio de ilustraciones que hacen reír a carcajadas, las verdades que comparte son como espadas afiladas que penetran hasta lo más profundo del alma. Es uno de los comunicadores más sobresalientes que conozco.

Pero si solo lo reconociéramos como un gran predicador y excelente comunicador, no estaríamos haciendo una evaluación pertinente.

Dante Gebel para mí representa el tipo de líder que marca la historia. Es la clase de dirigente que provoca cambios, levanta la fe de la gente y es capaz de influenciar a toda una generación.

Hace años yo soñé con cosas y casos como Dante.

Soñé con una época cuando masivamente el mundo sería lleno de la Gloria de Dios, la gente se inclinaría frente a Su Majestad, y Jesucristo sería noticia número uno.

Más tarde, por un momento (gracias a Dios muy corto) pensé que esos sueños tal vez eran parte de algo así como un «Hollywood evangélico», «ciencia ficción religiosa», o simplemente «mis fiebres juveniles». ¡No! ¡Mil veces no! A esta altura de mi vida y ministerio estoy viendo los más grandes sueños hechos realidad. Ciudades y regiones inundadas por el evangelio, Jesucristo reconocido como Señor, multitudes viniendo a Sus pies. Y entre mis mejores sueños realizados están los hombres como Dante Gebel.

Por hombres como Dante estoy listo a dar mi vida. Creo en los jóvenes. Creo en su música, sus «santos desórdenes», sus pasiones, sus intenciones, «sus benditas locuras». Cuando se escriba la historia de esta época, Dante Gebel será recordado como otro Martín Lutero, otro Carlos Spurgeon, otro Billy Graham. Su espíritu innovador lo hace marchar cien años luz delante de otros. Así fueron y son los reformadores, los que hacen la historia y cambian el rumbo de multitudes. Gracias Dante por atreverte, a pesar del *statu quo* religioso, y gracias por reflejarlo en esta obra literaria.

Gracias Dante por otro buen libro de tu pluma que bendecirá a todos aquellos que alguna vez transitaron por los desiertos.

Recibimos *Las arenas del alma* con una cálida bienvenida, y lo recomiendo con todo mi corazón.

Dr. Alberto H. Mottesi

INTRODUCCIÓN

Menos el cielo

El viento sopla sin piedad sobre la cima del monte. El rostro arrugado del hombre parece más demacrado de lo normal, está cansado, extenuado.

Pero su problema no se debe a la falta de sueño, lo último que quisiera ahora es dormir. Tiene el cansancio que producen las crisis, esas que golpean su alma con más impetuosidad que el viento irrespetuoso que se cuela entre sus cabellos color nieve.

La figura lo recorta encorvado sobre el horizonte, apenas apoyado, casi suspendido sobre su bastón arqueado. Lleva una eternidad en silencio, contemplando la nada. Bueno, tal vez lleve allí solo unos quince minutos, pero para él significan una dolorosa eternidad.

El hombre está inmerso en esas crisis infinitas que carecen de sentido. Conoce el desierto como la palma de su mano, pero nunca como esta mañana lo ha visto tan amargo, tan inerte. Tan mortalmente desolador.

A lo lejos, un águila reposa con recelo, haciendo movimientos nerviosos con su cabeza. Es casi un detalle inmerso en el faraónico desierto. El hombre apenas pestañea, pero siente envidia del ave. Sueña, como lo haría muchos años después un conocido rey, y coquetea con la idea de tener alas y escapar lejos, donde no haya crisis, o por lo menos, donde no importen tanto.

Pero aun así, el anciano de ojos fatigados no siente la peor soledad en el desierto. Al fin y al cabo, la arena que se empecinó en meterse en su alma, ya forma parte de sí mismo en esta última semana. Al principio es molesta, pero luego, tórrida, logra amalgamarse en sus pulmones. El patriarca ya no respira en paz. Un profundo dolor lo invade por completo, y él lo toma como parte de la regla de este juego del que no hubiese querido formar parte.

El páramo desolador no es la causa de su temor.

A fin de cuentas, él es un hombre de desiertos.

El hombre teme por el cielo.

Como un inmenso telón gris, el infinito se desnuda ante él semejante a una gran cortina de bronce, inexpugnable, impersonal.

Aprieta el viejo bastón con sus flacos dedos, mientras observa cómo un cielo grisáceo coloca un marco de soledad que hiere las profundidades de su alma.

«El cielo no debería estar así», masculla.

Pero el cielo no lo oye; y en complicidad con el viento solano, castiga el rostro del viejo hombre, crispando sus pocos cabellos, y lo que aún le resta de su corazón.

¿Cuánto tiempo más llevará parado allí? Es lo que menos importa, por lo menos, por ahora. Sabe que el reloj acaba de detenerse. Y de seguir girando el mundo, de seguro lo hará sin él. Es que las crisis no se miden en el módulo del tiempo.

Estimados fotógrafos, sean respetuosos y guarden sus cámaras; este no es un buen momento para tomar una postal. Si el patriarca logra salir de la situación, seguramente querrá borrar esos minutos de su álbum personal.

Un hombre no recuerda con placer esta estación de la vida, aunque hayan pasado muchos años, y solo se trate de una foto amarillenta o color sepia.

¿Sacarías una fotografía del ataúd de tu hijo? Por supuesto que no; seguramente, si el destino te golpea inmerecidamente, y el infortunio llega a los tuyos, querrás recordarlo con vida. Por esa misma razón, insisto, no saques fotografías de este sitio.

Permite que elabore su duelo en paz en la cima del monte. Tal vez no logre hacerlo del todo bien, pero por lo menos, un hombre siempre debe intentarlo.

No quiero arriesgar una teoría, y mucho menos pretendo hacer un juicio de valores cuando no estoy en sus zapatos. Pero si no conociera la talla de este hombre, definitivamente pensaría que esta es una carga que no puede llevar. Es, digamos, demasiado pesada para un solo mortal.

En pocos minutos, este anciano estará obligado a cometer un asesinato. No me mires así, no hay una manera más religiosa de llamarlo para que esto tenga un tono más espiritual.

Si quieres, podemos disfrazarlo de reverencia y decir que solo hará un sacrificio. Seguramente nos hará sentir mejor y le dará cierto marco épico a la historia. Pero se nos escapa un detalle: este hombre no es simplemente un sacerdote. Es mucho más que un adorador a punto de presentar un holocausto.

Es un padre.

Arquea las cejas y frunce el ceño. Tan sabio y tan viejo. Tantos planes y tan cansado. Tantas cosas por hacer y esta crisis que llega para arruinarlo todo, que se ha empecinado en corroer el presente e hipotecar el futuro. ¿Querías oír una historia que suene injusta? Aquí tienes una.

Este hombre merecía envejecer en paz, vivir sus mejores años altos sin sobresaltos.

Pero su historia no comenzó en este monte. Estamos apenas ante un posible y trágico final. Quizá, tal vez, pueda existir una coartada, una salida alternativa en este callejón de frustración y soledad. Estoy seguro de ello. El epílogo del patriarca no puede esculpirse en la roca del solitario monte Moriah. Se supone que para cada crisis, haya una solución.

Pero eso no es lo que más inquieta al anciano.

El viento se está tornando más impiadoso, y se filtra entre las rocas y sus pensamientos. El único testigo silencioso es el águila, que observa sigilosamente desde una peña, con movimientos nerviosos y casi imperceptibles.

Lo único inalterable es el horizonte.

«El cielo no debería estar así», insiste entre dientes.

Tiene razón, en cualquier crisis de la vida, todo puede cambiar y llenarse de inestabilidad. Menos el cielo.

El cielo no debería ser de bronce.

No hay razones para que permanezca impolutamente gris.

De igual modo, Abraham sabe que tiene hora, fecha y lugar el epílogo de su crisis. Lo cual no es poco.

ME LO DICEN TUS OJOS

«Aconteció después de estas cosas...».
GÉNESIS 22.1

Capítulo uno

ME LO DICEN
TUS OJOS

«Aconteció después de estas cosas...».

GÉNESIS 22.1

Los que crecimos en alguna iglesia y dibujamos garabatos imaginarios con el dedo en algún banco dominical, creo que tuvimos un momento en el que algún predicador nos impactó por primera vez.

Entre las decenas de sermones aburridos y sin sentido, tuvo que haber uno en especial, uno que llamara nuestra atención de adolescentes.

Haz un esfuerzo por recordar. Tuvo que haber uno.

Yo recuerdo ese momento.

En mis tiempos de juventud, no teníamos grandes invitados. El «tráfico de ovejas» era una utopía. Uno podía pasarse toda una vida en el asiento de una congregación sin siquiera enterarse de que existían otras iglesias en el resto del planeta. Después de todo, el cielo ya tenía bastante con alistar un buen lugar para los setenta y tres hermanos de la congregación. ¿A quién podía ocurrírsele que el paraíso admitiría extraños de otra denominación?

Pero un buen día, alguien tuvo la descabellada idea de invitar a uno de esos extraños.

Han pasado casi cuarenta años y aún me parece verlo llegar. Era extremadamente delgado, y no medía más de un metro cincuenta. Cargaba un maletín negro con ribetes de acero, un trombón de vara y una guitarra criolla.

Llegó con gran parte de su familia y dijo que tenía un mensaje de parte del Señor. Si este hombrecillo quería llamarnos la atención, ya lo había logrado.

Para empezar, los pocos predicadores que habíamos conocido solo decían algo; sin embargo, este parecía tener algo para decir.

Pidió estar media hora a solas con Dios antes de exponer su sermón. Y alguien de nuestra congregación le ofreció gentilmente nuestro sótano impregnado de humedad. No me mires así, no existían los camarinos ni las oficinas privadas en el lugar de donde yo vengo.

Luego de unos monótonos himnos mal entonados por alguien cuyo nombre evitaré darte por cuestiones obvias, el pequeño hombre subió de las profundidades de nuestro acogedor sótano.

Se notaba que había estado llorando y que sentía una enorme responsabilidad al tener que predicar.

Fue la primera vez que alguien no estaba interesado en llevarnos a la presencia del Señor, sino en bajarnos al Señor. El hombre, de cuerpo frágil, se paró en el estrado, y el silencio fue ensordecedor.

Tal vez se percató de nuestra desmedida expectativa, y fue por ello que sonrió y dijo:

—Voy a tocarles una canción.

Y seguidamente entonó la bellísima «Cuán grande es Él» con su trombón de vara.

Confieso que nunca he tenido demasiada noción con respecto a la música, pero aún puedo oírlo tocar. Ese hombre no estaba haciendo música, sencillamente lograba bajar las melodías del cielo a nuestra pequeña y remota congregación. ¿Quieres imaginarte cómo suena la sinfónica en la eternidad? ¿Alguna vez te imaginaste cuál sería la música funcional del Departamento celestial? Entonces, permítele tocar el trombón a este hombre de dedos frágiles.

La atmósfera de la congregación estaba literalmente electrificada, mientras que nuestro extraño invitado recorría la nave principal del templo tocando su trombón de vara. Cuando terminó de ejecutar el último estribillo, el sollozo de la gente invadía el recinto.

Pero todavía no había llegado el momento en que lograría impactarme. El hombre que había emergido del sótano helado, guardó el trombón y se colgó la guitarra al cuello. Recuerdo que dijo algo así:

—Antes de darles el mensaje, solo quiero regalarles una canción más.

Y fue entonces cuando ocurrió.

Tengo algunos años de oratoria y de pararme ante cientos de oyentes, en distintas partes del mundo, y todo por la providencia de Dios. Y siempre he aprendido, inclusive al observar a otros oradores, que un conferencista jamás debe mirar individualmente a sus oyentes. Se recomienda que uno ponga la vista en un punto fijo y predique sin mirar a nadie en particular. Que vea, pero que no observe.

¿Qué tal si te distraes de tu propio sermón porque tu mirada tropieza con un bostezo de elefante del caballero sentado en la tercera fila?

¿Y qué me dices si en el clímax de tu exposición, la dama del segundo asiento se levanta para ir al baño? ¿O si un niño aburrido decide hacer avioncitos de papel con las hojas del himnario ante la mirada indiferente de sus padres?

Indudablemente, si algún día predicas, no te pongas a observar detenidamente al público.

Pero el predicador que acababa de arribar a nuestra iglesia desconocía ese principio, o por lo menos, le restaba importancia. Comenzó su canción mirando a cada uno de los setenta y tres hermanos de la iglesia. A todos y a cada uno. Mientras cantaba, se dedicó a escarbar el alma de aquellos que pretendían pasar desapercibidos en un domingo más.

A decir verdad, nunca he podido recordar aquella canción en su totalidad. O para ser más brutalmente honesto, solo recuerdo la primera frase del estribillo, que el hombrecillo repitió hasta el cansancio. Pero fue más que suficiente para que marcara el resto de mi vida.

«Yo sé que estás en prueba, me lo dicen tus ojos...».

Luego, más adelante, la canción decía algo así como que el Señor enjugaría cada lágrima derramada en los desiertos de las crisis. Pero lo sorprendente fue que miró a cada persona sentada en aquella remota y pequeña iglesia.

En un instante, giró sobre sus talones y miró a la orquesta estable. Por aquel entonces, este humilde servidor intentaba tocar la batería en un loable intento de hacer música, o algo parecido. El hombre me observó detenidamente, como si pudiese meterse en mi alma y desnudar mis pensamientos, y en un momento tuve miedo de que lo supiera todo.

Fue entonces que lo volvió a decir, o a cantar.

«Yo sé que estás en prueba, me lo dicen tus ojos».

Todavía no puedo explicar, a ciencia cierta, qué fue lo que más me impactó. A lo mejor se trató de la melodía. Tal vez fue, como te dije, la manera de cantar mirando a cada uno en el público. O quizá, porque fue la primera vez que alguien desde el púlpito me observaba de verdad. Por primera vez no era un punto fijo ni parte de una multitud.

Este misterioso hombre se detuvo solo para verme y dedicarme algunos párrafos de su canción. Y por alguna curiosa razón, podía mirarme a los ojos y afirmar que estaba en prueba.

Se llamaba Luis Tolosa, y se dedicó a desnudar el corazón de la gente antes de partir a morar con el Señor.

Aún lo recuerdo como el hombre que logró verme por primera vez.

Invitado a una reunión de Junta

El viejo patriarca también tuvo su momento en que alguien logró verlo por primera vez.

Abraham no ha tenido, lo que llamaríamos, un buen día. Se trata de esas jornadas de insoportable calor, el aire acondicionado no funciona, y ya no hay bebidas frías en la nevera. El sudor se desliza por su frente, produciendo surcos de agua tibia y salada que desembocan en el cuello humedecido del dueño de casa. Como si todo esto no fuese suficiente, las moscas terminan por completar el molesto y caluroso cuadro.

Hace mucho tiempo, unos veinticinco años para ser exactos, que nadie se ha detenido a observar a este hombre. O por lo menos, quien debería haberlo hecho.

El mediodía golpea monótono en la aburrida mañana del domingo.

De pronto, tres figuras se recortan en el horizonte. Aparentemente, tres hombres llegan para romper la gris monotonía de un día pesado y denso.

Abraham sabe que algo va a suceder, aunque no sabe exactamente qué.

Es que nadie visitaría su tienda en un día así.

Cuando uno ha esperado tanto tiempo por una noticia, y esta llega, simplemente la ignoras, porque no crees que pueda estar sucediendo. Es increíble notar cómo, de forma paulatina, las promesas diferidas logran quitarte la adrenalina de lo nuevo.

Indudablemente son forasteros. Y aunque vienen caminando por el febril desierto, de algún modo lucen imponentes.

El patriarca ahora tiene una razón para ponerse en pie. Tres desconocidos no pasan todos los días por la puerta de su tienda.

El hombre del medio es el más llamativo, digamos que es más alto que los otros dos, y sus facciones parecen marcadas a fuego. Rasgos extraños, pero que logran transmitir cierta seguridad. Los otros dos acompañantes solo sonríen amablemente, mientras se acercan a la tienda.

—¡No es necesario que sigan caminando! —dice el anfitrión levantando la mano—. No puede ser casualidad que hayan pasado por mi casa; hay otros cientos de atajos para ir a donde quiera que vayan, y si pasaron por aquí, merecen ser bien atendidos.

No, querido patriarca, nunca es casualidad cuando pasan por tu puerta.

Abraham se inclina y extiende sus manos en la tierra. Quizá hoy pueda ser un día distinto; tal vez, el día no termine como comenzó.

Es increíble lo que logra una visita inesperada y fuera de programa en un domingo aburrido. Decenas de siervos corren de un sitio a otro para atender a los ocasionales visitantes. Alguien trae unos confortables y mullidos sillones, y les ruegan que tomen asiento. Después de todo, el desierto no es un buen lugar para caminar; vengan de donde vengan, esta gente necesita sentarse un poco.

Otros dos criados les quitan las sandalias y les lavan los pies.

—Nada mejor que el agua fresca escurriéndose entre los dedos cansados y polvorientos.

¿Te han llegado visitas inesperadas alguna vez? Detente a observar el cuadro tragicómico de la situación.

—Tenías que haberme avisado que esperabas gente —dice Sara.

—No esperaba gente, simplemente aparecieron —explica su esposo mientras guarda el periódico deshojado de la mañana, y hace lugar en la mesa familiar.

—¿Qué quieres decir con que «aparecieron»? Las visitas no aparecen. No tenía nada preparado para el almuerzo, solo iba a improvisar unos sándwiches para nosotros.

—Princesa, prepararemos algo, lo que sea.

—Tampoco tengo vajilla decente. Mira. No podemos servirles algo de beber en vasos de diferente color y tamaño.

—Estoy seguro de que no lo notarán. Solo pasaban por aquí. Comerán algo rápido y se irán por donde vinieron.

—No podemos ofrecerles solamente «algo rápido». Si invitas a alguien a almorzar, no puedes ofrecerles «comida chatarra».

Abraham sabe que su esposa tiene razón. Pero tampoco se puede desperdiciar la visita de los forasteros. Hace mucho tiempo que nada sucede por aquí, y hoy puede ser la excepción a la regla.

—Les diré a los criados que asen un becerro, mientras tanto, puedes preparar algunos panecillos para «engañar» al estómago hasta que esté listo el asado.

El patriarca está expectante, al igual que los visitantes.

Ahora quiero que observes la historia del otro lado.

Hace unos días, hubo reunión de Junta Directiva en los Cielos. Una de esas reuniones a puertas cerradas donde solo se tratan temas de vital importancia para la humanidad. Luego de extensos minutos de tenso diálogo, Dios ha decidido que a causa del pecado extremo de Sodoma y Gomorra, ambas ciudades merecen ser destruidas. Se ha proclamado una alerta roja en las esferas del cosmos. Pero el Creador menciona una frase que aún repica en la Cumbre Celestial.

No puedo hacerlo sin decírselo antes a Abraham.

¿Te parece extraño?

A mí también.

¿Te suena ilógico?

Estaba seguro de que responderías eso.

Dios puede hacer lo que se le plazca sin consultarle a nadie. Y mucho menos a un sencillo mortal. Pero Dios insiste en que no puede hacerlo, o por lo menos no quiere, encubriéndole el plan a Abraham. El Omnipotente toma como una deslealtad hacer lo que dispuso, sin por lo menos comunicarle antes la decisión a su amigo.

¿Oíste eso?

A su amigo.

No continúes leyendo sin hacer una pausa. Tómate unos minutos para digerir lo que acabo de decirte.

No se trata de Dios consultándole a su Unigénito Hijo, no en esta ocasión.

Tampoco considera platicar el tema con los ángeles.

O pedir una opinión alternativa a un asesor de logística celestial.

Dios quiere consultar el tema con un mortal.

Lo divino estrechando opiniones con un diminuto hombre.

El Creador tratando un tema coyuntural con su propia creación.

La naturaleza de Dios hace que no pueda pasar por alto la maldad de dos ciudades que han cometido inmoralidad e injusticia. Él puede, sencillamente, bajar su pulgar y pulverizarlos, y nadie, absolutamente nadie, se atrevería a reprocharle nada. Pero Él insiste en dialogar el tema con el patriarca, en cruzar opiniones.

Cuanto más me detengo a observar esta situación, más me confirma que quienes suelen orar, antelando cada ruego con la frase: «... pero que sea tu voluntad», en ocasiones, no es otra cosa que pereza disfrazada de reverencia.

Entiendo que la voluntad de Dios precede a cualquier decisión que podamos tomar, y comprendo que el futuro humano no es algo que se le escapa de las manos a Dios. Pero se nos olvida un detalle: que cuando accedemos al lugar de amigos del Todopoderoso, Él quiere que, sencillamente, nos involucremos en los grandes asuntos del Reino.

Si Dios te consulta respecto a tu ciudad, es porque quiere que formes parte de la decisión.

Supón que trabajas como operario de una gran empresa automotriz. Lo único que se te ha pedido hasta ahora es que llegues en hora, marques tu tarjeta de puntualidad, y ensambles las partes de la carrocería de los automóviles. No estás al tanto de los costos operativos de la empresa, ni del gasto que ocasionan los empleados, las cargas sociales, el mercadeo o la cotización de la fábrica en la bolsa de valores. Tu única obligación es ensamblar partes del automotor en donde te explicaron que debías hacerlo. Eres, con el mayor respeto que me mereces, lisa y llanamente, un empleado.

Pero un lunes por la mañana sucede algo diferente. Cuando llegas al vestuario a alistarte para ir a tu puesto, un capataz te dice que el gerente general y los dueños de la empresa quieren verte.

Esto no puede estar ocurriendo, piensas.

Porque si aún quisieran despedirte, lo haría tu supervisor, sin demasiadas explicaciones. Esto debe tratarse de algo mayor.

Llegas al último piso del edificio y la secretaria ejecutiva dice que te están esperando. Te anuncia y te sientas en la mesa directiva de la corporación.

El dueño, los socios principales y los gerentes quieren saber tu opinión respecto a la ingerencia de la empresa en nuevos mercados. Han llegado a la decisión de comercializar nuevas franquicias en Asia y dejar de producir automóviles en el mercado occidental, para dar paso a un nuevo brazo de producción en un nuevo producto que revolucionará los grandes negocios.

No esperan que te excuses diciendo que solo eres un empleado; ya lo saben.

Tampoco quieren una gran exposición empresarial, tú no sabrías cómo expresarla, y ellos están conscientes de eso.

No quieren una estadística acerca de la fluctuación del macromercado de automotores, porque ellos, como tú, saben que no tienes la menor idea de lo que te estoy hablando.

Sencillamente, y por alguna alocada y extraña razón, necesitan tu opinión de amigo. De quien ha trabajado como operario de esta empresa durante años. La simple opinión de quien ha respirado los aromas de la factoría de automóviles cada mes, de lunes a sábado, y con quince días de vacaciones al año.

No continuarán con el resto del temario de la mesa directiva sin consultar este asunto contigo.

No labrarán el acta final hasta que digas lo tuyo.

El gran empresario quiere saber qué opina el operario.

El jefe quiere intercambiar opiniones con su empleado.

No quiere una tesis inteligente, solo tu sencilla y llana opinión.

No sé qué estás pensando, pero estamos de acuerdo en que nadie te lo creerá en casa.

Ahora, vamos a sincerarnos un poco más. Prometo que esto quedará entre nosotros y no saldrá de aquí.

Trabajas hace diez años en esta firma y desde hace ocho que no te aumentan el salario. Estuve allí la primera vez que te juntaste de coraje y fuiste a ver al gerente financiero para solicitarle un aumento. No pediste demasiado, solo lo que creías correcto y justo. ¿Y qué te dijeron?:

—Tiene que esperar, en este momento la empresa no está en condiciones de hacer un esfuerzo extra.

Le creíste y comenzaste a esperar.

—Por lo menos fue sincero conmigo —le dijiste a tu esposa.

Pero los meses fueron pasando y no hubo novedades. Ni siquiera te llamaron para darte una explicación. Es más, algunos otros empleados parece que tuvieron más favor que tú. Pero tu salario quedó congelado.

También fui testigo de aquella vez que regresaste ante el gerente y le planteaste que tu salario no alcanzaba para pagar la cuota del colegio de los niños, los letales impuestos y lo básico para subsistir.

¿Recuerdas lo que volvió a decirte?

—Tiene que seguir esperando.

Ni siquiera se conmovió cuando le mencionaste que tuviste que cancelar todas las tarjetas de crédito y que ya no podías mantener el pequeño automóvil.

Pero las cosas no están como para renunciar y quedarse sin empleo, razonaste.

Vienes soportando ocho años de promesas diferidas. De cheques postdatados. Diste lo mejor de ti, sin embargo, por alguna razón, ignoran tus necesidades básicas. Te entiendo: no estás pidiendo que te regalen un automóvil o formar parte de la Sociedad, solo quieres un aumento digno que te permita llevar a los niños el fin de semana al cine, sin tener que contar las monedas que te quedan.

Y ahora, de repente, te llaman a una reunión de Junta, porque quieren saber tu opinión respecto a la expansión de la empresa. Si se trata de una broma, es de muy mal gusto.

¿Cómo hablar de bolsa de valores o de faraónicas franquicias cuando tus necesidades pasan por el paupérrimo salario que llevas cada mes a casa? ¿Cómo es que te piden que te concentres en los grandes planes, cuando no puedes solucionar los pequeños escollos de tu propia vida?

Tu mente no está libre y despejada como para sentarte a tratar temas importantes. No puedes pedirle a un mortal que ofrezca una tesis acerca de la fabricación del pan, cuando no ha comido en meses.

Por eso, tu jefe hace una pausa.

Le ordena al resto de su Junta que se retire y se quedan a solas. Él sabe que tienes una crisis, porque ya se lo han dicho tus ojos.

Tú no fuiste impertinente o descortés. Trataste de ser amable, pero el dueño de la empresa no llegó a donde está porque desconoce a la gente.

Él vio a través de tus ojos. Y escarbó hasta el alma. Se percató de que estás en crisis. El jefe se detuvo a observarte más allá del punto fijo. Y sabe que no podrás involucrarte en los grandes temas, hasta tanto solucione la molestia de la arena en tu zapato.

Él sabe que no podrá contar con el cien por ciento de tu atención hasta que no tengas todas tus cosas personales en orden.

El dueño de la gran empresa se recuesta sobre su inmenso sillón, vuelve a observar a través de tus ojos y dice:

—De acuerdo. Solucionemos su problema primero. Iré a almorzar a su casa, y podrá contarme qué lo agobia y qué puedo hacer para ayudarle.

Dios necesita contarle a su amigo acerca de los planes con Sodoma. Quiere hacerle un lugar en los grandes temas del Reino, pero sabe que Abraham espera un aumento de salario en su vida.

El patriarca quiere un hijo. Un hijo que le prometieron y que espera cada día, cada amanecer de su vida, hace años.

Y Dios, estimado amigo, no es un señor feudal egoísta que querrá que le sirvas ignorando que te faltan algunos detalles para ser feliz.

Dios no te enviará a la mies, sabiendo que hace años esperas que ese hijo salga de las drogas.

Que ese esposo vuelva a sentir aquel amor del pasado.

Que consigas el empleo soñado.

Que otra vez seas correspondido en el amor.

Que tu padre vuelva a confiar en ti.

Que esa intrusa enfermedad deje de ocupar una silla en la mesa familiar.

En la Gran Empresa del Señor, todos deben involucrarse en los asuntos del Reino, una vez que quiten la arena de sus zapatos.

Y de ser necesario, un mediodía de verano, en un aburrido domingo, quizá Dios tenga que aparecer en el horizonte de tu alma y venir a almorzar a tu casa, sin que siquiera lo hayas invitado.

Es que también para ti llegará el momento en que alguien logrará verte por primera vez.

UN ALMUERZO
DIVINO

Capítulo dos

UN ALMUERZO DIVINO

Aunque me empeñe en negarlo, me gustan las sorpresas. O mejor dicho, no me gusta tanto recibirlas, como darlas.

Si tuviese que retratar un solo instante en la vida de mis hijos, prefiero la postal del momento exacto en que reciben un regalo sorpresa.

Ellos saben, desde muy pequeños, que están obligados a compartir a su papá con las giras al exterior y el ministerio en general. Supongo que algunos niños entienden que su padre sea fotógrafo, bombero, albañil o arquitecto, y aprenden a convivir con el oficio de su progenitor. Nuestro hijo Kevin, cuando apenas tenía cuatro años, señalaba los aviones que pasaban sobrevolando la casa, y afirmaba que allí estaba su papá.

Todavía no tenía bien claro si su papá era conferencista o piloto. Pero estaba seguro de que su padre pasaba mucho tiempo en esos inmensos aviones.

Lo mismo le sucedía a Brian cuando tenía diez años. Cuando lo llevaba a la cama, solía preguntarme si viajaría al otro día o estaría en casa el próximo fin de semana.

Pero ellos tenían su recompensa. Era nuestro pequeño trato.

Si se portaban bien y obedecían a su madre durante mi ausencia, tendrían una grata sorpresa. Es decir, era como una «sorpresa» arreglada. Una suerte de regalo pautado.

Es algo curioso, ellos esperaban ser sorprendidos. Sabían que papá traería algo en la maleta al regreso de algún país remoto.

Kevin solía arrojarse a mi cuello y antes de decirme «hola», lanzaba la tan temida y esperada frase: «¿trajiste un juguete?»

Y allí venía lo mejor. Ellos no querían oír explicaciones logísticas como que, por ejemplo, no había jugueterías abiertas en México a las seis de la mañana, cuando mi avión hizo escala. Tampoco que mis anfitriones me hicieron predicar en seis conferencias diarias, y el poco tiempo libre lo aproveché para desmayarme de cansancio en el hotel. No señor. Un trato es un trato.

Ellos se portaron bien (bueno, es una manera de decir, aún falta la opinión de la madre) y esperan ser sorprendidos. No se aceptan excusas. Es una cuestión de honor.

¿Crees que es una tarea sencilla? Te equivocas; déjame darte un panorama más ampliado.

Veamos. No puedes ausentarte de tu casa y aparecer con un autito del tamaño de una golosina y esperar que se sorprendan. Tampoco se te ocurra traer algo que funcione mediante control remoto y olvidarte las baterías (eso sería catastrófico, sé de lo que te hablo). Mucho menos imagines que los conformarás con los típicos regalos que suelen comprar las madres: «Sé que no es un juguete, hijo, pero te será muy útil». No señor, si quieres una gran sorpresa, olvida los calzoncillos, las medias (aunque estén estampadas con el hombre araña) y los libros didácticos. Se supone que si te vas a subir a un avión, es porque regresarás a casa con algo divertido, y que además, obviamente, entre en tu maleta, sin tener que abandonar la mitad de tu ropa en alguna habitación de hotel por falta de espacio.

Así que ya sabes, si algún día piensas invitarme a tu ciudad, no olvides que es condición determinante asegurarte de que haya una juguetería cerca; especialmente por Jason y Megan, que ahora ocuparon el lugar de sus hermanos mayores. De otro modo, cancela la cruzada, el congreso o lo que sea. Como te dije, un trato es un trato.

No puedo regresar con las manos vacías y solo decirles que se convirtieron treinta mil almas para el Señor. Ellos quieren algo más.

Pero lo mejor no es el regalo. Lo realmente asombroso viene luego del abrazo. Esa es la postal a la que me refiero.

Pagarías una fortuna por ver la cara de mis niños cuando de la maleta mágica de papá aparece la famosa sorpresa. Es un instante, apenas, pero suficiente para pagarme el esfuerzo de haber buscado una juguetería en todo Almolonga o Burkina Faso.

Quizá, luego de media hora (y en el caso del más pequeño, apenas cinco minutos), olviden en un rincón de la casa lo que acabo de traer. Pero valió la pena por ese solo instante en que sus rostros cambiaron por completo.

Sorpresas pautadas

Abraham, sin saberlo, también ha pautado su sorpresa. Después de todo, no han pasado muchos años desde que recibió una promesa. Y ahora sin sospecharlo aún, su Padre está de regreso, y almuerza con él debajo de un frondoso árbol.

Me gusta la idea de que Abraham no haya provocado el encuentro. Me fascina saber que fue exactamente al revés.

Toda mi vida he crecido con la idea de que es uno quien debe buscar a Dios, pero nunca me habían dicho que también es Dios quien busca al hombre.

Paseándose en el huerto del Edén.

Sorprendiendo a un Moisés dubitativo tras una zarza.

En el medio del camino a Saulo de Tarso.

O en un improvisado almuerzo campestre.

—Hmmm, delicioso —dice el extraño mientras saborea una costilla de carne asada.

—De igual modo, admiro la mano que tiene Sara para cocinar esos panecillos que disfrutamos como primer plato —comenta el comensal más alto—, a propósito, ¿dónde se metió Sara?

Siempre quise saber qué cara puso Abraham cuando oyó la pregunta. En primer lugar, él aún no la había presentado; en segundo lugar, ¿cómo supo que su esposa se llamaba Sara?

Puedo imaginarme el rostro del patriarca anfitrión. Tuvo que haber sido similar al de mis niños, en el momento exacto en que me ven desempacar las maletas.

Saben que algo viene conmigo. Si papá pregunta «¿cómo se portaron los niños?» es porque oculta algo debajo de la manga.

—Supongo que... en la tienda. Eso es, en la tienda —responde.

El hombre termina de masticar, limpia las comisuras de sus labios con una servilleta y sencillamente, desempaca el regalo. La sorpresa pautada.

—Sara tendrá un hijo —dice.

Un momento. Este no es un tema para tratar en un almuerzo con desconocidos. Después de todo, hace a la intimidad de una familia.

Me pregunto si fue en ese momento que Abraham se dio cuenta de que Dios había salido a su encuentro. Me pregunto si fue exactamente entonces cuando se percató de que el Creador del Universo y Aquel que acomodó el cosmos en su lugar estaba frente a él, saboreando su carnero asado.

Abraham contempla su regalo como un niño que de tan sorprendido, olvida ser cortés y agradecido.

Algo no está funcionando bien aquí, estos extraños no están de paso por la tienda de los viejos ancianos sin hijos. Dios estaba dándole, sencillamente, una sorpresa.

Hace unos años, estaba tratando de contestar unas cartas a través del correo electrónico. Tenía una suerte de búnker en lo alto de la casa, donde podía alejarme a escribir, meditar o preparar un mensaje.

Dios sabe que no estaba pensando en nada netamente espiritual. Tampoco en algo carnal, pero me refiero a que no estaba escribiendo algo relacionado con el ministerio o que me obligara a meditar en algo divino. Sencillamente, estaba ultimando detalles con Pablo, mi asistente, a través del e-mail, respecto a una frecuencia de vuelo de un próximo viaje.

Y fue entonces cuando sentí que alguien había invadido la oficina. No hablo de algo místico, pero sospechaba que tal vez uno de mis hijos se había escondido bajo el escritorio o detrás de un sillón.

Seguí escribiendo, pensando que quien estuviese allí, tarde o temprano iba a tener que dar la cara, pero reconozco que había logrado intranquilizarme.

Transcurrieron pocos minutos, cuando algo, literalmente, me abrazó. No fue alguien, fue «algo». Comencé a llorar como hacía años no lo hacía, y un escalofrío recorrió todo mi cuerpo de pies a cabeza.

Alguien estaba abrazándome por la espalda, sin que lo estuviese esperando.

Dios estaba dándome una sorpresa.

¿Estás pensando lo mismo que yo?

Lo imaginé.

La religión organizada no nos preparó para esto.

Aquel abrazo duró solo unos instantes, pero alcanzó para dejarme postrado en el suelo, llorando de emoción y sentimientos encontrados.

A mí, como a ti, me dijeron que Dios solo aparece cuando alguien lo busca insistentemente. Que alguien debe hincar las rodillas, y si comienza a sentir dolor, que permanezca aún más tiempo, que seguramente eso conmoverá al Padre.

Me enseñaron que uno es el buscador, siempre. Y Dios, el Eterno buscado. Olvidaron mencionar que Él puede sorprenderte invitándose a un almuerzo contigo.

Cuando los «aunque sea» reemplazan lo mejor

Sara estalla de la risa.

Préstame atención. No se sonrió femeninamente. No hizo un gesto amable con su boca ni dejó oír una ahogada risita.

Sara irrumpió con una carcajada.

La fuente que llevaba en su mano con algo de fruta y unos dulces para el café, se deslizó entre sus dedos y se hizo añicos contra el suelo de la tienda.

No la culpes. Es que ella es una señora grande.

Los invitados tienen suerte de que no se haya ofendido y solo haya soltado una risotada. Si querían quedar bien por la comida, hubiese bastado con un honesto «gracias». O una bendición para el hogar.

Pero en esta casa, y a esta edad, no se habla de embarazos e hijos.

Estimado visitante extraño, apenas estamos superando el trauma, como para que usted venga a abrir viejas heridas. No se le hace un chiste así a dos pobres jubilados de los sueños.

Pero el Hombre ya no es un extraño para el profeta. Es el mismo Dios que mantuvo el trato del regalo pautado.

—¿Por qué se ha reído Sara, pensando que está muy vieja para un regalo prometido? ¿Acaso hay alguna cosa difícil para Dios? —dice.

El Creador no estaba usando la ironía aunque lo parezca. De verdad quiere saber si ellos creen en el Dios de los imposibles.

Veamos. El Señor te dice que te casarás, pero que debes esperar el tiempo correcto. Lo aceptas gustoso, pero conforme va pasando el tiempo, comienzas a impacientarte y cambias tus expectativas.

«Bueno, si no vas a darme la esposa soñada, aunque sea, dame alguien que me ame».

«No es el empleo que te estoy pidiendo, pero aunque sea, dame algo para subsistir».

«Si no vas a usarme para un gran ministerio, aunque sea, que pueda servirte en algo pequeño».

Un cóctel de conformismo y ansiedad que llega a nuestras vidas con el rótulo de los «aunque sea». Creemos que si le damos a Dios la opción de un plan «B», Él nos dirá:

Bueno, ya que te conformas con algo menor a lo que pediste, eso agiliza las cosas. Tengo muchos «aunque sea» en *stock* para ti.

Obsérvalos caminar por la vida. Detente un momento y podrás verlos en tu ciudad, en las oficinas, en las grandes y pequeñas congregaciones. Las personas que razonaron que un plan «B» era mejor que nada o seguir esperando.

Matrimonios que dejaron de atraerse y amarse luego de una semana de casados, porque pensaron que aunque no eran el uno para el otro, aunque sea, ya no estarían tan solos.

Líderes que intentan llevar adelante algo que nadie les encomendó, porque supusieron que era mejor que morir esperando en la banca de una iglesia.

Hombres y mujeres con deudas enormes, contraídas justamente porque no podían esperar el gran negocio que vendría más adelante.

Lo inmediato suplantando lo prometido.

Lo urgente tomando el lugar de lo importante.

Me imagino lo que me sucedería si algún día, al regresar a casa, luego de un viaje, mis niños me dijeran:

—Mira, papá, así está la situación. Entendemos que nos prometiste un regalo, pero como te tardabas más de la cuenta, supusimos que no nos comprarías nada, así que, fuimos por nuestra cuenta a la juguetería y nos autorregalamos una sorpresa. No tienes por qué molestarte en cumplir tu promesa. Como verás, nos arreglamos bien sin ti.

Abraham ya había pasado por eso. Hace unos años atrás, le llevó el planteo a Dios de algo menor a lo prometido. El «aunque sea» del profeta era el hijo concebido con una esclava. No era lo imaginado, pero llenaba el hueco de una promesa que tardaba en cumplirse.

Pensamos que tal vez Dios no es tan poderoso para darnos el oro, y entonces, razonamos que el bronce no es tan malo después de todo.

Por eso, la pregunta, insistente: *¿Acaso hay alguna cosa difícil para Dios?*

El Señor no espera la respuesta. Solo sigue afirmando que Sara se rió a carcajadas, aunque ella se empeñe en desmentirlo. Uno de los visitantes, posiblemente un ángel, sonríe al escuchar el alegato de la dama.

—No... no me he reído. Tiene que haberles parecido.

Solucionado el pequeño inconveniente que le ha quitado el sueño durante años a esta pareja de ancianos, Dios aleja a Abraham y lo lleva a caminar. Ahora comienza la reunión de Junta.

Se trata de algo más que una caminata digestiva y una charla entre varones. El Creador y su creación tienen que hablar de asuntos importantes. Los temas que competen al Reino.

Ah, y perdona a Sara. Por reírse y por mentir.

Es que uno no recibe a almorzar todos los días a Dios y sus escoltas, y mucho menos, sin anunciarse.

AMIGOS DE CARNE QUEMADA

«... que probó Dios a Abraham...».
GÉNESIS 22.1

Capítulo tres

AMIGOS DE CARNE QUEMADA

«... que probó Dios a Abraham...».
GÉNESIS 22.1

Creo haber descubierto la razón por la cual tengo tan pocos amigos verdaderos. Quizá sea porque he idealizado demasiado el concepto de la amistad.

Hace algunos años, mi esposa amaneció corriendo por toda la casa, y mientras intentaba poner orden en la sala principal, preparaba el almuerzo, barría el piso de la cocina, y le preparaba un sándwich a nuestro único niño, por aquel entonces. Siempre he admirado cómo las mujeres pueden hacer decenas de cosas a la vez. En mi caso, si me dispongo a colgar un cuadro, se supone que la tierra tenga que dejar de girar hasta que lo haya pegado en la pared. No me importa si hay un accidente a mi costado, se incendia el edificio o acaba de explotar el horno de microondas. Definitivamente, los hombres no podemos masticar chicle y caminar a la vez.

Pero lo sorprendente de esa mañana fue que Liliana estaba demasiado atareada para mi gusto, y para el de ella también.

—Hoy viene a almorzar mi amiga —dijo tratando de darme una explicación—, y lo peor es que no la esperaba, solo me acaba de llamar y me dijo que vendría.

Obviamente, no era un buen día para recibir visitas. Ningún mortal en su sano juicio recibe a almorzar a alguien un lunes al mediodía.

—¿Por qué no la llamas y le dices que no venga, o que quizá venga otro día? —pregunté en un tono amigable.

Liliana se detuvo un instante, y en ese momento sí sentí que los planetas dejaban de girar.

—No puedo decirle eso, se ofendería —dijo y continuó con sus múltiples tareas tratando de ingresar al libro Guiness por alistar una desordenada casa en cuestión de minutos, y luego de un ajetreado fin de semana.

Sé cuándo un hombre debe callarse. A lo largo de nuestro matrimonio he podido discernir cuándo un esposo debe ausentarse de la escena, desaparecer del lugar del crimen sin dejar ningún rastro. Pero aun así, decidí arriesgarme.

—Si no puedes llamarla y decirle que no venga, tal vez no se trate de una verdadera amiga —dije.

—Sería descortés —replicó.

—Tal vez. Pero aun así seguiría siendo tu amiga.

—¿Y qué me dices si se ofende o lo toma a mal?

—Entonces te habrás librado de una persona que en realidad nunca fue tu amiga.

Nos quedamos los dos en silencio. Confieso que mi filosofía acerca de la amistad suena un tanto egoísta, pero Dios sabe que es exactamente lo que siempre he pensado respecto al tema.

Si tienes que fingir o dibujar una sonrisa cuando tienes ganas de llorar, no se trata de una verdadera amistad.

Si no puedes decirle que no venga a casa, porque sencillamente tienes ganas de dormir, mirar televisión en soledad, o darte un baño de inmersión sin intrusos alrededor, no es un verdadero amigo.

Es por esa razón que me molesta la sola idea de llamar a un montón de gente casi desconocida, y desearle un «feliz día del amigo» para que no se ofendan por haber olvidado ese día. Me parece un contrasentido.

En estos últimos años se me ha acercado muchísima gente intentando tener amistad conmigo. Y a decir verdad, la mayoría de las veces me he ilusionado con algo que comenzó como una buena camaradería, pero que terminó, inexorablemente, disipándose por completo.

Pero antes de que me veas como a una víctima, deja que te haga un panorama muy rápido de mi personalidad para las relaciones interpersonales.

La mayor parte de cada año la paso encima de un avión.

En la otra parte estoy en un hotel impersonal y frío, en medio de un montón de montañas desconocidas, comiendo comida extraña y típica del lugar, y esperando que me vengan a buscar para ir a predicar.

Conste que no mencioné nada acerca de las interminables y densas horas de espera en los aeropuertos.

Por consecuencia, nunca estoy para el cumpleaños de un amigo.

Ni para su boda.

Ni para cuando le entregarán su diploma luego de estudiar cuarenta y cinco años.

Ni para cuando nace su primer hijo.

O sus trillizos.

Ni en el aniversario de su iglesia.

Ni en la conmemoración de la muerte de su suegra.

Ni para su funeral.

Como si todo esta lista de descortesía fuera poco, cuando llego a casa, luego de no ver a mi esposa y mis niños por tres o cuatro días, no quiero que me pasen llamadas telefónicas, a menos que se trate de una emergencia. Mis hijos no soportarían tener a un padre ausente los fines de semana, para que cuando llegue, se cuelgue a hablar en el auricular del teléfono o se siente durante horas frente a la computadora.

Tardo una eternidad en contestar personalmente un correo electrónico.

Mi casilla de mensajes en el contestador se llena hasta regrabarse sobre sí misma y borrar todo lo anterior. Como casi siempre estoy atrasado con la entrega de algún libro por el cual ya firmé contrato, estamos planificando alguna cruzada, o estamos grabando para algún programa, si tengo un día libre, hay un montón de trabajo que me espera para devorar lo poco que me quede del tiempo.

¿Me estás criticando? Te lo dije, quizá por eso me cuesta tener verdaderos amigos.

Si bien tengo muy buenas relaciones, y gente con la que siento afinidad en el espíritu y puedo charlar durante horas antes de algún servicio, o en una improvisada salida a cenar, no he podido encontrar muchos verdaderos y genuinos amigos.

Patrick Morley observa irónicamente que aunque la mayoría de los hombres podrían conseguir seis personas que carguen su ataúd, son muy pocos los que tienen un amigo al que pueden llamar a las dos de la madrugada.

Me ha sido muy difícil encontrar a más de una decena de gente que comprenda mi llamado. Que entienda que tengo más buenas intenciones que tiempo real.

Por eso en algún punto, creo saber por qué idealizo tanto el concepto de la amistad. Acaso sea porque la amistad verdadera, siempre es puesta a prueba.

No deberías, pero aun así sonríes

Abraham ahora sabe que es amigo de Dios. Es decir, es de los pocos que pueden sentarse en la mesa directiva de los cielos y discutir acerca de los planes del Reino. Observa al profeta regatear con el Creador.

—¿Qué tal si hubiese cincuenta justos en la ciudad? ¿Destruirías al justo con el impío?

—Claro que no. Si hubiese cincuenta justos, perdonaría a Sodoma por amor a esos cincuenta.

Abraham baja la oferta a cuarenta y cinco.

Cuarenta, tal vez.

Bueno, treinta es un buen número.

O veinte.

Mejor dicho, quien dice veinte, dice diez.

Abraham sí sabe discutir con Dios. Yo, sencillamente, hubiese dicho:

—¿Destruirás Sodoma? Bueno, que sea tu voluntad. ¿Quién soy yo para preguntarte las razones o para tratar de persuadirte? Supongo que si eres Dios, sabes lo que haces. Gracias por avisarme.

Pero así no habla un amigo.

Un amigo quiere que opines, que te involucres, que si tienes que enojarte, adelante, estamos entre amigos. Un amigo no menosprecia tu opinión, aunque la misma no cambie en nada la situación. No te desestima, aunque estés diciendo una tontería. Cuando estás entre amigos, y cómodo, no es necesario que te pongas en una pose particular o que estés obligado a decir algo inteligente. Anda, menciona lo primero que te venga a la cabeza, un amigo jamás se burlaría de ti.

Abraham sabe que cuenta con un Gran Amigo. Y también Dios sabe que cuenta con la amistad de él. Por esa razón, decide ponerla a prueba.

—Supongamos, Abraham, que de un día para otro, todo pareciera que te he abandonado. Supongamos que una mañana te pidiera algo que consideraras imposible de hacer. ¿Qué me dices si tienes que anteponer nuestra amistad por encima de tu familia, digamos, de tu propio hijo? ¿Qué piensas si en menos de veinticuatro horas tuvieras que sonreírme y confiar en mí, aunque me transformara en un potencial enemigo? ¿Qué tal si mañana amanecieras suponiendo que quizá algo se rompió entre nosotros? No hay garantías, Abraham. No te prometo que la pasarás bien. Solo quiero saber hasta dónde puedo estirar mi amistad incondicional contigo.

¿Piensas que un verdadero amigo no haría eso? Tengo mis dudas. Quiero que por un momento lo veas del lado del profeta. Está obligado a sonreír y no perder las esperanzas, en pos de la amistad.

A propósito, tengo un amigo que alguna vez dijo ser incondicional.

Sin embargo, inconscientemente, un buen día puse a prueba su amistad.

Lo invité a comer uno de los famosos y populares asados argentinos en nuestro hogar. Por primera vez, iba a poder hacer algo para homenajear a mi amigo.

Llegó temprano con su familia, y listo para degustar la gran exquisitez sudamericana. Pero presumo que los nervios me jugaron una mala pasada.

Quería hablar con él y hacer el asado a la misma vez. Creo que ya te mencioné la idea que tengo acerca de que los hombres no pueden hacer dos cosas simultáneas, o por lo menos hacerlas bien.

Estuve cerca de una hora y media tratando de encender el fuego, pero la leña estaba mojada o poseída. Probé con unos ochenta y tantos fósforos. Traté de avivar las llamas con una suerte de pantalla de madera. Intenté inflamar mi pequeño altar de carne vacuna con cantidades industriales de periódicos.

Finalmente, y ante la mirada atónita de mi amigo
que insistía en pedir unas *pizzas* por teléfono, decidí
arrojarle combustible.

Ahora sí había logrado un gran incendio.

Eso, definitivamente, no se trataba de un sencillo
y simple asado, era el majestuoso altar de Elías
ardiendo poderosamente ante la mirada atónita de los
profetas de Baal.

Un árbol (Dios sabe que no estoy exagerando)
que reposaba sus ramas sobre la parrilla, comenzó a
quemarse sin piedad. El humo lo invadió todo, como
en un megaconcierto de *rock*.

De igual modo, estaba decidido a homenajear a mi
amigo.

Cuando las llamas se calmaron, coloqué la carne
sobre la chamuscada parrilla. Pero en un intento por
acomodarla, se dio vuelta y toda la parrilla, junto con
la carne, fue a parar al medio del barro que se había
formado con el agua que arrojé para apagar el incendio.
Por misericordia divina, mi amigo no vio la escena.

Recogí la carne del suelo y la lavé en una especie
de piscina de lona que teníamos por aquel entonces.
Por consecuencia, perdió la sal, el color y el gusto.
Arreglé la parrilla lo mejor que pude, y coloqué, otra
vez, mi prometido asado sobre ella. Fue entonces
cuando me di cuenta de que el agua de la piscina solo
lo había ensuciado más.

El fuego quemará todo vestigio, pensé.

Y dejé que la carne se quemara para que nadie
descubriera el móvil del crimen.

No te rías. Eran las diez treinta de la noche, no
tenía forma de comprar más carne, y mi amigo había

viajado más de quince horas sobre un avión, solo para probar mi especialidad.

Y contra todos los pronósticos, le serví la cena.

Probé un bocado y supe que era incomible. Pero mi amigo (*sé que sentirás envidia de una amistad de ese calibre cuando te lo diga*), simplemente comió mi asado color carbón y se sonrió.

Es más, dijo que estaba muy bueno y que debería dedicarme a hacer más asados. Mencionó que era mi especialidad.

Él se enterará por este libro de que yo me di cuenta de que él apenas podía comerlo. Pero me sentí bien; no había herido mis cualidades de asador.

Dijo que estaba delicioso. Tal vez noté que cruzaba miradas cómplices con su familia y que pateó por debajo de la mesa a su pequeño hijo para que comiera sin pronunciar una sola queja. A decir verdad, percibí que algo no funcionaba bien cuando su hija dijo que no cenaría porque había decidido, en ese mismo instante, que sería vegetariana por el resto de su vida.

Pero mi estimado visitante pasó la prueba de la amistad.

Después de aquel incidente, no me cabe la menor duda de que sería capaz de dejarse matar por mí, de ser necesario. Alguien que comió aquella carne y mencionó que le había gustado, es alguien en quien uno puede confiar para toda la vida, para lo que sea y en cualquier lugar.

Quizá Abraham tampoco sospecha que su amigo lo pondrá a prueba. Tal vez, en algún momento, hasta sienta que lo ha abandonado.

No creo que Dios dude acerca de la amistad del patriarca. Tal vez, solo quiera corroborar que seguirá siendo su camarada, aunque no le guste lo que tenga que tragar.

Debería quejarse. Podría enojarse. Estaría en su derecho de ofenderse. Podría levantarse ofendido, y pedir otro plato.

Pero Abraham, como mi amigo de carne quemada, siempre come lo que un amigo le pone delante.

Y te puedo asegurar, que en algún momento, aunque no le guste, dejará entrever una tímida sonrisa.

EL DIRECTORIO DEL REINO

«... Y le dijo: Abraham.
Y él respondió: Heme Aquí».
GÉNESIS 22.1

Capítulo cuatro

EL DIRECTORIO DEL REINO

«... Y le dijo: Abraham.
Y él respondió: Heme Aquí».
GÉNESIS 22.1

Hubiese querido aprender un poco más, pero creo que lo conocí demasiado tarde. De igual modo, bastó para que me marcara por el resto de mi vida.

Aún me cuesta creer la manera en que nos conocimos.

Un buen día, me conecté por primera vez a internet. Supongo que, al igual que todos los que provenimos de la misma generación, por mera necesidad más que por placer. Tenía que escribir mi primer libro, así que junto al combo de la computadora, ingresé al fascinante mundo virtual.

Fue entonces que alguien me escribió por primera vez a mi flamante dirección de correo electrónico.

«Bienvenido a la red —decía—. Cuando escribas una dirección, trata de no equivocarte. Una sola letra mal escrita u omitida, hará que el correo no llegue a destino».

No se trataba de un genio de la computación dándole consejos a un cavernícola informático. Era nada menos que el Reverendo Omar Cabrera.

Un hombre que ha fundado cientos de iglesias en Argentina y otras partes del mundo, que ha revolucionado los medios de comunicación, que realizó las cruzadas más grandes en plena época militar de nuestro país, y por sobre todo, un pionero que siempre peleó con la religión organizada desde la trinchera de la sana controversia.

Lo conocía desde pequeño, es decir, lo admiraba de lejos. Leía sus libros, oía sus cintas y alguna vez soñé con estrecharle la mano.

Ahora, el mismo Omar Cabrera me daba la bienvenida a la red.

Seguimos intercambiando correos durante las siguientes semanas (tal vez lo hacía con mucha otra gente, pero de igual modo, me sentía feliz de formar parte de su lista de contactos), intercambiábamos anécdotas, y un buen día me invitó a almorzar.

Recuerdo que me hizo dos regalos, aunque el segundo opacó al primero. Me obsequió un valiosísimo reloj, y su amistad. Esto último me halagó profundamente. Después de aquella vez, nos encontramos para almorzar en varias ocasiones. Y como quien quisiera volcar un enorme recipiente de sabiduría, se dedicaba a hablarme de algunos secretos del Reino.

De haber tenido un poco más de confianza, lo hubiese grabado, literalmente. De igual modo, hay perlas que jamás se olvidan.

El reverendo Cabrera, entre muchas otras cosas, me enseñó a disfrutar de la «naturalidad» de Dios.

«El secreto del ministerio —decía— es ser natural en el ámbito sobrenatural, y sobrenatural en el ámbito natural».

¿Parece un juego de palabras?

Tal vez debas regresar un par de líneas y volver a leerlo.

Al principio, no parece tener mucho sentido, pero si logras desglosar la frase, habrás entendido la regla general de la verdadera comunión con Dios.

Omar fue uno de los pocos hombres que conocí que podía reír con Dios. O charlar con Él como un amigo. O simplemente oírlo hablar, como quien mantiene una conversación telefónica.

Cuando querías sorprenderlo con algo, sencillamente solía sonreír y decir: «Dios ya me lo había dicho esta mañana».

Así de sencillo. Sin misticismo. Sin relámpagos ni truenos estridentes.

Dios se lo dijo.

Parece que se nos escapa el detalle de esa frase, o a lo mejor el hecho de que esté demasiado trillada haga que se desdibuje la importancia de una enorme verdad: Omar figuraba en la lista de contactos del Señor.

Cuando el reverendo me escribía, solo tenía que decir:

—Dante, ¿estás en la red?

Si en mi bandeja de entrada aparecía la palabra «Omar», no había nada más que preguntar. Solo respondía con un expeditivo:

—Por supuesto, Omar, aquí estoy.

Es que este hombre, siempre y cada vez que me escribía lograba sorprenderme.

Esa es justamente la similitud con la historia de Abraham. Dios solo tiene que mencionar su nombre, para que inmediatamente el patriarca responda: «Heme aquí».

Así de sencillo. Abraham estaba, como Omar, en la lista de contactos del cielo.

Sin secretarios de por medio o molestos asistentes que antes de pasarte la comunicación, pretenden hacerte un análisis de sangre.

Supongo que si alguien puede recibir al Creador a almorzar, es porque también puede darse el lujo de tener una comunicación fluida en cualquier momento del día.

El escalón hacia la comunión

En mis primeros años de ministerio, recuerdo que solo tenía una ansiada y única meta, una ambición santa: intentar ser un hombre de oración. Sabía que si lograba cruzar la línea de la oración superficial, recién entonces accedería a los grandes secretos del Señor. A los misterios escondidos del Reino.

Debo reconocer que lo intenté todo, absolutamente.

Con mi esposa, orábamos por las madrugadas hasta caernos de cansancio.

Liliana solía alentarme diciendo:

—Es mucho mejor quedarse dormido en el intento de orar, que irse a dormir sin por lo menos haberlo intentado.

Colocábamos música de adoración para calmar nuestra alma y de esa manera estar más calibrados con el corazón del Creador.

Cada vez que me disponía a subir a un nuevo nivel de oración y búsqueda, sentía que mis pensamientos funcionaban como un tropel de caballos salvajes. Me era casi imposible hilvanar tres o cuatro frases seguidas en la presencia del Señor, sin que mi mente comenzara a divagar o dispersarse.

Sentía que existía una fuerza maligna que se había empecinado en que no pudiera lograr la ansiada comunión con el Señor.

Seguramente has estado allí, sintiendo exactamente lo mismo.

Un ejército de interrupciones.

Discusiones matrimoniales sin sentido, minutos antes de comenzar a orar.

Un teléfono que no para de sonar.

Visitas inesperadas a deshora.

Un niño con ataques de rebeldía.

Una preocupación que logra ocupar toda tu mente.

Un estreno favorito por televisión.

Y el cansancio demoledor. Ese eterno gigante que llega cada vez que te dispones a cruzar la barrera de la superficialidad.

Pero no hay treguas cuando has decidido subir un escalón. Las alarmas del infierno ya comenzaron a sonar y alguien alertó al mismísimo infierno diciendo que estás a punto de transformarte en un individuo peligroso. Estás en un punto sin retorno, o te quedas a vivir en aguas tranquilas, o te sumerges en las profundidades de la verdadera comunión. Aquella que te colocará directamente en el directorio de la agenda divina.

Recuerdo que fue por aquellos años, de muchísima disciplina y antes de experimentar el deleite de estar con Él, cuando determiné que tendría una filosofía de vida en cuanto a mi búsqueda personal.

Un día, parafraseé algo que solía mencionar Kathryn Kuhlman: el día que me toque encontrarme cara a cara con el Señor, quiero mirarlo directamente a los ojos, y decirle: «Si no quisiste usarme para servirte fue porque no se te antojó, pero no podrás culparme a mí, yo estuve ahí, todos los días de mi vida, esperando que me hablaras».

A eso se reducía mi búsqueda. Si bien estaba consciente de que me costaba horrores entablar un diálogo con Él, por lo menos quería estar en el lugar correcto, en el sitio oportuno, a la hora indicada. Así que decidí no irme a la cama sin antes buscar su rostro, todos los días de mi vida. Debo confesar que me costaba todo el mayor esfuerzo de mí mismo, pero tenía la esperanza de que algún día lograría que Él me atendiera de un modo especial.

No estoy diciendo que mis oraciones no fuesen escuchadas hasta ese entonces, sino que necesitaba subir a un nuevo nivel de comunicación. Me frustraba el solo pensar que mis ruegos fueran una suerte de monólogo y que tuviese que creer por la fe que Él estaría oyéndome. *Al igual que Abraham, ambicionaba una comunión, no solamente una relación.*

Soy el menor de cuatro hermanos, y nos separan varios años. De hecho, cuando llegué a este mundo, mi hermano mayor acababa de casarse. Por alguna razón, nunca logramos ser demasiado unidos, es decir, no nos llevamos mal, pero tampoco hemos logrado ser íntimos amigos. Nos conocemos, nos amamos, nos respetamos y llevamos la misma sangre. Por alguna razón, tenemos muy buena relación, pero no hemos logrado tener comunión. Supongo que la intensa actividad que cada uno de nosotros desarrolla hace que nos veamos en alguna ocasión muy especial, como una boda o un funeral.

Sam Hinn suele decir que las promesas descriptas en todo el magnífico salmo 91 tienen una pequeña cláusula. Como si se tratara de las letras pequeñas de un contrato, excepto que estas están al principio, como un alerta que curiosamente pasamos por alto cada vez.

«El que habita al abrigo del Altísimo, morará bajo la sombra del Omnipotente».

No dice «el que visita», sino «el que habita».

No puedes pretender acceder a los propósitos y regalos del Señor haciéndole una visita de cortesía cada domingo.

La relación es casi una obligación de todos los que oramos. Pero la comunión es opcional. Es estar en la lista de contactos. No tener que avisar previamente para realizar una visita, llamar por teléfono o enviar un correo electrónico fuera de itinerario. Y por sobre todas las cosas, tener la plena seguridad de que no serás una molestia.

Por esa razón, mi mayor anhelo era aparecer en la agenda dorada de los cielos, en el directorio de personas importantes para el Reino.

Una madrugada del 4 de junio de 1991, Él decidió venir a visitarme. Quizá fueron aquellos dos minutos extras que decidí quedarme de rodillas, luego de haber dicho amén. Pero me gusta más la idea de que Él quiso ingresarme a su lista de contactos. Tuve la visión más grandiosa de toda mi vida. El Señor me mostró un estadio repleto de jóvenes, mientras que podía verme a mí mismo predicando y recorriendo el enorme palacio del fútbol. Pero lo que más logró impactarme no fue exactamente lo que estaba viendo, sino el hecho de que Dios me había considerado para ofrecerme una función privada. Una premier de aquello que Él mismo había preparado para un futuro cercano.

Definitivamente, ese fue el día que pasé de la sencilla relación a una intensa comunión. Nadie es igual luego de ingresar a la agenda del Padre.

A partir del momento en que subes a ese nuevo nivel, puedes saber cuándo el Padre viene a visitarte. Simplemente aprendes a reconocer su estilo.

Observa bien y notarás que juega con tus cabellos.

Acaricia tus mejillas.

Puedes sentir el pesado abrazo de un Padre tierno.

Y por sobre todas las cosas: no necesitas ser tan adulto. Cuando Él visita tu habitación, cuentas con el lujo de sentirte niño otra vez.

Sin estar agobiado por las responsabilidades, escondido tras su gran espalda.

No tienes que ser demasiado correcto ni estructurado para dialogar con Él.

Él no está esperando que pronuncies un discurso de frases elaboradas.

Puedes hablarle de tus torpezas y de aquello que te ha robado la paz estas últimas semanas. Puedes contarle acerca de tus suspiros más íntimos y tus anhelos más escondidos.

Él desea que la atareada ama de casa olvide por un momento la vajilla para lavar y los hijos que atender, para arrojarse como una niña en los brazos del Padre.

Aguarda que ese rudo hombre de negocios olvide los golpes de la vida y las traiciones de la empresa, y que por unos minutos se desmorone en las rodillas del Creador. Desea que el enérgico e incansable líder le cuente de sus miedos más ocultos y de aquello que lo sonroja en la intimidad.

Espera que ese muchacho, al que la vida no le dio respiro, sienta el reposo del guerrero solo por estar en Su compañía.

Ahora, observa por un momento a Abraham. Sus amigos apenas pueden creerle que Dios lo considera su amigo. No estamos hablando de un señor y su siervo, sino de una amistad que va más allá de una relación.

Sara espera un hijo en los años más altos de su vida. El patriarca sabe que ahora puede contar con Dios para lo que sea. Siempre ha sido así, pero él sabe que algo ha cambiado desde hace unos pocos años.

Ahora este hombre tiene todo lo que necesita para ser feliz.

Una buena esposa con quien envejecer.

Un hijo soñado y esperado por tantos años.

Una fortuna que legará a sus nietos.

Y por supuesto, el nombre de un Amigo muy especial apareciendo en su bandeja de entrada, anunciándole que otra vez quiere hablar con él.

Es por esa misma razón que el hombre no tarda en responder:

«Heme aquí», dice al instante.

Tratándose de Dios, no puede ser una mala noticia.

O por lo menos, algo que lo saque de tanta felicidad.

Bueno, quizá esté equivocado.

Quizá su mejor amigo esté dispuesto a sorprenderlo una vez más.

CUANDO DEBIÓ Y PUDO

«Y dijo: Toma ahora tu hijo, tu único, Isaac,
a quien amas, y vete a tierra de Moriah,
y ofrécelo en holocausto sobre uno
de los montes que yo te diré».

GÉNESIS 22.2

Capítulo cinco

CUANDO DEBIÓ Y PUDO

> «Y dijo: Toma ahora tu hijo, tu único, Isaac,
> a quien amas, y vete a tierra de Moriah,
> y ofrécelo en holocausto sobre uno
> de los montes que yo te diré».
> GÉNESIS 22.2

No hay manera de que esta historia suene mejor. Tampoco que parezca demasiado espiritual.

Para que tengas una idea, esta no es la clase de historia que alguien le contaría a sus niños antes de arroparlos en la cama. Para serte honesto, no me suena del todo bien. De hecho, es demasiado inquietante para mi gusto.

Existen dos maneras, o quizá, dos ópticas de ver la misma crónica. Una de ellas es cuando jamás has gozado la dicha de tener hijos, si es así, quizá puedas sentarte en un cómodo sillón y observar este relato con cierto sabor épico, sin comprometerte demasiado. Veamos: David y Goliat, Sansón y Dalila, Moisés y el Faraón, y por qué no, Abraham e Isaac. Un icono más que completa el fabuloso repertorio del museo de la fe.

Pero si eres padre, o madre, entonces no podrás dejar de involucrarte.

De igual modo, sigo sosteniendo que aún para ambos públicos, esta es una historia llena de interrogantes. Jamás, en toda mi vida, algo me ha producido tantos sentimientos extraños como lo que voy a contarte. Una rara mezcla de curiosidad, fascinación, empatía y dolor. Me sorprende y horroriza la sola idea de que en una singular mañana, *todo cambió para nuestro patriarca.*

Es que, perdona que insista, las crisis aparecen como intrusas, llegan sin anunciarse, sin siquiera una carta de invitación.

No las esperas, pero simplemente un día parecieran llegar para quedarse.

Una carta documento que irrumpe en un tranquilo desayuno familiar.

Aquella llamada telefónica a altas horas de la madrugada.

El reporte de las finanzas de tu propio contador que tiene la obligación de decirte la verdad.

El parte médico de las siete de la tarde.

Ese telegrama de despido que llega junto con el periódico.

Un repentino accidente de quienes te despediste apenas ayer.

Los ojos de un amigo que no se animan a decirte la verdad, y te ruega que te sientes antes de darte la noticia.

La notificación de la demanda.

Un último aviso del acreedor.

Un conductor ebrio que reduce tu familia a un recuerdo.

El llamado de tu abogado al celular.

Dura apenas algunos segundos, pero logran marcar un «crac» en la tranquilidad de tu alma. Un doloroso instante que pasa por la estación de tu vida como en cámara lenta.

Globalmente, se trataría de una imperceptible disonancia en el inmenso pentagrama de la vida. Pero sientes que algo te ha robado tu música para siempre. Aquello que para otros es una simple estadística, para ti es todo lo que tenías hasta que la crisis llegó para cambiar tu presente e hipotecar tu futuro a largo plazo.

No hablo de aquello que esperas o que de alguna manera la vida te va preparando para sobrellevar. Los finales anunciados no son los que cambian el destino, sino aquellos que sorprenden como huracanes repentinos y que se empeñan en torcer el rumbo estructurado y planificado de tu vida.

Hace unos años, me sucedió algo parecido. Terminábamos de cenar junto a mi familia, y estaba a punto de llevar a mis niños a la cama, cuando el teléfono comenzó a sonar insistentemente.

—Mamá acaba de tener un infarto —decía mi hermano como toda explicación.

A partir de ese momento, y por las siguientes tres semanas, mi agenda se hizo añicos. Mis horas de sueño cambiaron diametralmente y todo pareció retratarse en una rigurosa falta de gravedad. Como si estuviese suspendido en al aire, en algún extraño y remoto planeta. Una sola llamada inesperada lograba cambiar por completo mis expectativas, proyectos y planes inmediatos.

Quieres saber algo más, alguien que te dé una explicación detallada de lo que realmente está sucediendo. Quizá, con el pasar de las horas, no existe otro deseo más profundo que no sea saber exactamente qué tiene que ver Dios con todo esto.

—Debió haberme avisado.

—Tuve que presentirlo de algún modo.

—Tiene que tratarse de un plan divino... supongo.

—No puede ser verdad.

—Esto no me puede estar ocurriendo, justamente a mí.

Recuerdo que conduje mi automóvil de la misma manera que me sentía, flotando. Caminando sobre colchones imaginarios. Sabía que esta era una crisis personal que debía atravesar, pero me molestaba que el mundo siguiera girando en su órbita como si nada extraño sucediera.

Ese automovilista no debería sonreír. Esos jóvenes tendrían que apagar esa música irrespetuosa. Aquellos niños deberían dejar de jugar en la plaza para regresar a sus hogares. El vendedor de periódicos no tiene razones para seguir hablando de fútbol con ese amigo ocasional.

Mi madre había tenido un infarto, y esa era una razón más que suficiente para que todos se preocuparan al igual que yo.

Me irritaba que mi propia crisis no detuviera al mundo. Me sonaba egoísta por parte de la creación.

Tu niño ha tenido fiebre alguna vez y cuando lo llevaste a la clínica, ¿observaste con estupor cómo el médico sonrió y te mandó de regreso a casa?

Entonces sabes de lo que te hablo.

—Estimado doctor, veamos si nos entendemos. Para usted es solo rutina. Un niño más entre tantos que atenderá durante su guardia médica. Pero para mí es todo lo que tengo. Es mi único niño. Usted no puede, no debe sencillamente sonreír y enviarnos a casa. Usted debería saber que este no es un niño más, este es diferente, es el mío.

Ya en el hospital, la misma sensación seguía invadiéndome. Ningún paciente parecía tan importante como mi madre. Hubiese querido que todos los médicos del mundo hicieran un cónclave para debatir la patología de quien me trajo a este mundo. No concebía la idea de que tuviese que esperar en la antesala de terapia intensiva por un único parte médico diario.

Es que las crisis, casi nunca se pueden compartir con los demás en su totalidad. Llegan sin aviso y se transforman en algo demasiado personal, extremadamente privado.

Por esa razón, creo que Abraham no se lo dice a su esposa. No lo culpes, es que no hay manera de que esto suene bien.

—Sara, tengo que confesarte que el Señor acaba de pedirme que sacrifique al niño. Pero no tienes por qué preocuparte.

—Mira, si a Dios se le ocurrió, debe tratarse de una buena idea.

—Quiero que lo observes de este modo: Jehová es tan poderoso para darnos otro hijo, es solo un detalle para Él.

—Quizá resucite. Solo tengo que matarlo y luego sentarme a esperar un milagro.

¿Te parecen frases patéticas y sin sentido? Por supuesto. Aun cuando estuviese diciendo grandes verdades, no creo que a Abraham se le ocurriera alguna manera de plantearle el tema a su amada esposa. Es que las crisis llegan de manera tan inoportunas que no dan espacio a una explicación racional. Quizá es por eso que nos sentimos tan solos cuando estamos en medio de ellas.

No interesa si estás rodeado de una multitud o vives recluido como un ermitaño en la montaña. Me refiero a que nadie puede sentir exactamente lo que le sucede a tu corazón cuando la crisis golpea tu puerta.

¿Alguna vez has tenido que vivir el infortunio de presenciar el sepelio de un ser amado? Es increíble cómo puedes notar que todos intentan decir algo inteligente para consolarte, tratan de rodearte de afecto, pero al cabo de pocas horas tú sigues con tu dolor, mientras que ellos casi se están olvidando para qué vinieron. No los culpes, al fin y al cabo, esta es tu propia crisis, personal y privada.

Si aún consideras que esa soledad es un tanto injusta y desproporcionada con respecto a los demás mortales, visita al apóstol Pablo en la cárcel. Acércate sigilosamente al tímido resplandor que produce la tenue luz de una vela casi derretida por completo, pero suficiente para alumbrar la última carta de este gigante. Hace un último esfuerzo por escribir algo más, antes de que se cierre el telón de su vida y su cabeza ruede por la arena romana. Debería haber aplausos u ovaciones de pie para una vida tan ejemplar. Pero el silencio y el monótono repicar de una gotera de la celda son su única compañía.

Demos un paseo por el viejo Israel. Y detengámonos a observar de lejos al superlativo rey David. Al hombre conforme el corazón de Dios, al excelente administrador de una nación. Míralo caminar impaciente sobre el muro, aguardando noticias sobre la suerte de su hijo Absalón. Podría tener un séquito alrededor. O quizá algunos obsecuentes de la corte. O un par de bufones que traten de hacerle olvidar que existen serias posibilidades de que maten a su hijo.

Pero el rey prefiere estar solo. Quizá porque nadie logre entender en profundidad lo que está sintiendo. No molesten al rey mientras camina en soledad por el muro.

Pregúntale al gran Moisés qué siente luego de quebrar las tablas de la ley y subir ahora por segunda vez la montaña por una nueva oportunidad. O qué me dices de Jacob, cuando sabe que tiene que decidir entre el odio de su propio hermano o el despeñadero que lo aguarda más adelante. Sin público. Sin debates u opiniones alternativas.

Y por último, déjame conducirte al huerto de Getsemaní. Esos discípulos no deberían estar durmiendo. De hecho, por lo menos, Pedro tendría que ser un poco más respetuoso y dejar de roncar como un rinoceronte. Convivieron con el Maestro, se asombraron con sus enseñanzas y quedaron extasiados con sus milagros. ¿No crees que deberían estar a su lado?; si al menos fuesen conscientes de lo que está ocurriendo en el universo, se darían cuenta de que esta noche no se volverá a repetir. No puedes dormir como un marinero cuando tienes a Dios llorando detrás de aquel arbusto.

Pero acaso esta sea la regla, no hay aplausos ni ovaciones para cuando estás en crisis.

Pareciera que nadie estuvo allí para defenderte, cuando ese padrastro abusó de tu inocencia y te robó lo más preciado que tenías, cuando apenas eras una niña.

Alguien debió haber dicho algo, aquella vez que alguien te abandonó sin siquiera despedirte o decirte a dónde iba.

Un relámpago en el cielo tuvo que haber dado una señal cuando ese líder no confió en ti y te dejó sentado en una banca durante meses.

Los compañeros del colegio debieron intervenir cuando injustamente te aplazaron.

Tu madre debió defenderte del abusador. O por lo menos, podía haberte preguntado por qué vivías con los ojos tristes.

Ante la duda, merecías que tu padre te defendiera frente a una acusación tan injusta.

Las mismas palabras conocidas.

Debieron.

Pudieron.

Pero por alguna razón, como si acaso estuviese orquestado por un oculto maestro de ceremonias, era un momento que debías aprender a convivir con la soledad. Quizá porque solo entonces es cuando te sientes más cerca del Señor como nunca antes.

La soledad llega impetuosa como una inmensa ola que rompe contra las rocas, cuando baja la marea descubres que las voces de los demás comienzan a diluirse y solo te resta el afinar el oído para oír a Dios. La presunta soledad solamente tiene como objetivo acercar nuestro corazón al del Señor. Lo que sucede, en la gran mayoría de las veces, es que creemos que el Padre también nos ha abandonado por algún extraño motivo. En lugar de comprender que quiere atraernos hacia Su presencia, suponemos que quiere alejarse de nosotros.

Cuando llegar tarde es parte del plan

Hay una conocida historia de otros amigos del Señor, que también creyeron sentirse abandonados y solos.

Al igual que Abraham, eran viejos camaradas del Maestro. Cuando en medio de la atareada agenda, el Señor quería quitarse los zapatos, comer una deliciosa *pizza* y compartir alguna charla de café hasta la madrugada, la casa de Lázaro y sus hermanas era el lugar apropiado.

Ni siquiera los apóstoles podían entrar en ese selecto círculo. Tampoco sus íntimos, como Pedro o Juan. La casa de Lázaro era el lugar ideal para distenderse de las arduas tareas ministeriales.

Puedo ver la sonrisa en el rostro de Jesús al repasar su itinerario y darse cuenta de que pasará cerca de Betania. El Señor tenía muy buenos amigos en esa ciudad.

Las bromas de Lázaro, que siempre lograban arrancarle una carcajada al Maestro. Y esas anécdotas increíbles que solo a él podían sucederle. Indudablemente, Lázaro es de esos amigos que logran hacerte sentir bien, y por unas horas, no tienes que pensar en las complicaciones cotidianas.

Y la deliciosa tarta de Marta. Nadie en todo Betania y sus alrededores cocina como ella. El Maestro podía sentir el dulce aroma de su arte culinario aun antes de entrar en la casa. Y María. Con sus eternas y ocurrentes preguntas. Y esas singulares frases que parecen sacadas de un libro de poesías.

Definitivamente, el Señor tiene tres buenos amigos con quienes compartir una distendida cena.

No tiene que avisar con mucha antelación. Solo envía un mensajero a decirles:

—Jesús está a la otra orilla. Me dice que no bien se desocupe y termine con el servicio de milagros, pasará a comer algo. Ah, y me insistió en que Marta no olvide cocinar esa tarta de zapallos tan exquisita.

Puedo imaginarme la velada. Luego de las bromas de rigor, ellos escuchan con atención a Cristo mientras les habla de los planes futuros, de lo que sucederá en Jerusalén. Indudablemente, esta es la familia más informada en cuanto a los planes del Señor y las verdades del Reino.

Siempre es un placer tener a Jesús en casa. Y lo que es mejor, es bueno saber que pasará por aquí cada vez que esté cerca de Betania, después de todo, no está tan lejos de Jerusalén.

El Maestro tiene la suficiente confianza para quedarse a pasar la noche. Un frugal desayuno lo esperará cuando los primeros rayos de sol invadan la cómoda habitación que comparte con Lázaro. Luego se despedirá con un abrazo y la promesa de regresar en cualquier momento, cuando haya un próximo hueco en la agenda.

Pero la crisis también llega, como un irreverente intruso, a la casa de Marta y María. Un atardecer, Lázaro llega a casa con algunas líneas de fiebre. No parece algo como para preocuparse, pero se ve un tanto pálido.

Marta le sugiere que se dé un baño de inmersión y que vaya, sin escalas, directo a la cama. Por la madrugada, la fiebre parece subir sin piedad, y junto con las primeras convulsiones, comienza a delirar.

María considera que, tal vez, este sea el momento de llamar a su amigo. Han pasado noches enteras oyendo las fascinantes historias de los milagros del Señor. Lo han visto resucitar muertos y sanar a los enfermos como parte de su rutina de trabajo. Y después de todo, ellos pueden considerarse amigos del círculo íntimo de Jesús.

Es que Dios suele dormir en su casa.

Envían un mensajero con la noticia de último momento:

—Díganle que Lázaro, su amigo, está muy grave.

Pero curiosamente, cuando el Maestro se entera de la triste noticia, en lugar de cruzar a Betania, se va para Judea. Y por alguna razón, llega cuatro días tarde. Demasiado tarde.

Lázaro está muerto.

Marta y María están dolidas y molestas. Sienten que el Maestro los ha dejado librados a su suerte.

—Estoy sorprendida por la actitud de Jesús. Se suponía que era nuestro amigo. Ni siquiera fue capaz de estar presente para su funeral. Tiene tiempo para sanar a diez leprosos. Se detiene por un desconocido llamado Bartimeo. No le importó salir del itinerario para sanar a una mujer con flujo de sangre. Pero no tiene tiempo de estar con nosotros cuando lo necesitamos.

Otra vez, la impetuosa soledad que llega impiadosa, haciéndoles creer que el mismo Dios las acaba de abandonar.

El Señor le dice a Marta que su hermano ha de vivir.

Así de sencillo. Que confíe en Él. Que no hay razones para estar tristes. Que se trata de un plan diseñado en los cielos.

Pero sus amigas ya no confían.

Las lágrimas de estos cuatro días se llevaron la poca fe que les quedaba.

Ellas no esperan un milagro. Quizá unas disculpas, pero no un milagro.

Al menos, hubiese traído flores y una buena excusa.

—¿No podía Pedro reemplazarte y predicar unos días? No lo puedo creer —dice Marta—, los vecinos están asombrados de tu «amistad». Con amigos como tú, quién necesita enemigos. De haber estado aquí, mi hermano no estaría muerto.

El Señor observa la mirada hostil y acusadora de esa misma mujer que tantas veces le había preparado su tarta favorita. Observa la tristeza y la falta de fe de María, con quien compartió tantas verdades.

Otra vez, el mismo común denominador de la soledad.

Debiste haber llegado a tiempo.

Pudiste hacer algo, enviar a alguien, aunque sea.

Las acusaciones de siempre, dirigidas a Quien creemos que debió ayudarnos.

Debió.

Pudo.

Fue entonces que Jesús lloró.

No te confundas tú también. No creas lo que tantos predicadores han pregonado por años. Jesús no llora por su amigo Lázaro. ¿Por qué llorar por alguien que va a resucitar en cuestión de minutos? Jesús no lloraría por algo tan pasajero.

El Señor llora por Marta, por María, por sus amigos.

Tantas horas compartidas. Tantas tazas de café. Tantos viernes de *pizza* hablando de los secretos escondidos y los planes del cielo. Tantas leyes del Reino, tantas veces de hablar sobre Su misión en la tierra.

Eran amigos, pero no lo conocían.

—Bueno, no es que dudemos, pero una cosa es sanar un enfermo, otra muy distinta, hacer algo con un muerto.

Confiaban en Él, pero con ciertas restricciones. Con reservas. Eres Dios, siempre y cuando mi problema no sea tan grande que hasta te supere a ti, inclusive.

Marta, María y aun los vecinos de Betania no comprenden que solo es un plan orquestado para que

Él pueda mostrar su Gloria. Que jamás los ha dejado solos, por el contrario, el propósito era atraerlos hacia Él y que formen parte de la historia grande de las escrituras.

A pesar de todo, el Señor les dará una oportunidad para creer. Les ordenará que quiten la piedra y traerá a Lázaro de regreso.

Sí. La misma piedra que Él mismo podría pulverizar o hacerla levitar. Aquella que decenas de ángeles, muy gustosos, estarían dispuestos a mover. Pero Él les dará la oportunidad a sus amigos.

—Marta, María, respetables vecinos. Solo voy a pedirles un enorme favor. Si aún le quedan ganas de confiar y creen en esta amistad, corran la piedra de la tumba.

El mismo Señor que iba a resucitar a un muerto, les deja participar del milagro.

Cuando se lo cuenten a sus nietos, podrán decir que colaboraron con Dios. Que por un instante, fueron los asistentes para que el Gran Mago sacara un conejo de la galera. Inesperado. Cuando todo el público creía que el truco había fallado. O que había llegado tarde.

Por esa misma razón, no tienes de que preocuparte, mi estimado Abraham. Si lo ves de esta forma, esto recién acaba de comenzar.

Tu amigo se encuentra en la otra orilla y ya sabe que estás en problemas. Si parece llegar tarde, es porque acaso quiera atraerte hacia Él.

Y cuando finalmente llegue, lo hará con un truco bajo la manga.

Y hasta quizá, te deje asistirlo y formar parte del milagro.

LA NOCHE DEL DÍA

«Y Abraham se levantó muy de mañana...».
GÉNESIS 22.3

Capítulo seis

LA NOCHE
DEL DÍA

«Y Abraham se levantó muy de mañana...».
GÉNESIS 22.3

¿**V**es a ese niño temblando de miedo? Está orinándose, pero sabe que debe enfrentar su más grande desafío: vencer su propio temor.

Es una de las pocas imágenes de mi niñez que recuerdo en su totalidad. De hecho, lo que me sucedía era tan personal, que ni siquiera creo que lo sospecharon mis padres.

Tendría apenas unos seis años de edad cuando comencé a tenerle pánico a la casa de mi tía Josefa.

La hermana de mi madre vivía en una casa sombría con un impregnado e intenso olor a humedad. Los rayos del sol eran un artículo de lujo para ese hogar, apenas se filtraba el resplandor por unas rejillas en formas de rombos que daban a la sala principal. Un televisor blanco y negro que a duras penas se veía, y lo que era aún peor, ya no se escuchaba, decoraba uno de los rincones.

Mi tía estaba casada con alguien que a la vez tenía una hija con algunos problemas mentales. Ella estaba recluida en una de esas habitaciones, de la cual se oían extraños sonidos y golpes en las paredes. Supongo que era esta misma mujer quien golpeaba, pero puedes estar seguro de que le daba un marco tenebroso a la escena.

La construcción era un tanto extraña. No sé qué pudo haber pasado por la mente del arquitecto o quien dibujó el plano de aquella vieja casona. Eran diferentes salas, conectadas, únicamente, por un pasillo lateral.

Ah, el pasillo.

De eso quería hablarte. Esa era la causa que lograba paralizar a un indefenso niño de seis años.

Por alguna curiosa razón que nunca entenderé, mi tía Josefa jamás iluminaba ese pasillo. Se veía tenebroso y lúgubremente oscuro. Y lo que era aún peor: el baño estaba al final de ese terrorífico túnel.

Así que, cada vez que mis padres tenían la genial idea de ir a visitar a tía Josefa, yo sabía que tendría que aguantar lo más posible para no ir al sanitario. Era toda una olimpíada de resistencia para no tener que atravesarlo.

Pero siempre me veía obligado a hacerlo.

Y papá me diría lo mismo, cada vez.

—Tú puedes ir solo, Dante. Está al final del pasillo.

Yo estaba convencido de que tras esa densa oscuridad se ocultaban decenas de monstruos listos para atacar a un niño indefenso de seis años con su vejiga a punto de explotar. Mi hombría me impedía confesar en público que tenía miedo de pasar por ese sitio. Pero también mi hombría me obligaba a hacerle caso a la naturaleza e ir al baño civilizadamente. Así que, indefectiblemente, tenía que enfrentarme a esos monstruos que se ocultaban en el pasillo de la tía Josefa.

Finalmente, lograba pasarlo mientras cantaba o tarareaba alguna canción. Dicho sea de paso, te lo recomiendo para cuando estés en mi misma situación. Los monstruos no atacan a un niño que sabe cantar.

Luego de muchos años, y ya adulto, regresé a la casa de aquella singular tía. Y para mi sorpresa, el pasillo no era tan oscuro como cuando lo veía de niño. Ni tan largo. Y tampoco tenía monstruos ocultos en los rincones. No pude evitar sonreírme cuando volví a pasar por él. Aquello que me había aterrorizado durante mi niñez era solo parte de mi imaginación y un entorno desconocido.

A propósito, todos tuvimos algún pasillo que no queremos volver a recorrer. Incluyendo a nuestros propios monstruos privados. Abraham también lo tuvo.

Cuando llegues al cielo, y logres entrevistarte con él, dile que te cuente cuál fue su peor momento en toda la crisis, desde el momento en que Dios le pidió que sacrificara a su hijo.

Te equivocas, no fue cuando tuvo que bajar el cuchillo. Tampoco la vez en que se enfrentó a los ojos inocentes de su hijo.

Fue la noche del día en que Dios le dio la orden.

La eterna noche en que no pudo pegar un ojo. Tal vez, por esa razón, la Biblia es específica en puntualizar «... y Abraham se levantó muy de mañana...»; hubo una noche de insomnio para el patriarca. Un oscuro pasillo que querrá olvidar por el resto de sus días. Es que las crisis, aunque no sean demasiado graves, parecen intensificarse cuando se pone el sol.

Recuerda conmigo cómo fue la noche del día en que no fuiste correspondido en el amor. Esa patética ocasión en que ella te miró directamente a los ojos y te dijo: «Creo que te equivocaste conmigo, solo te quiero como a un amigo».

O la noche del día en que no aprobaste el examen, a pesar de tus ruegos frente al indiferente profesor.

Aquella vez en que llenaste una planilla de empleo y te dijeron que te iban a llamar.

O cuando tu líder te confesó que no podía confiar en ti.

Y esa ocasión en que comenzaste a notar que tu esposo estaba un tanto distante.

O la eterna noche en que esperabas que tu hijo adolescente regresara sano y salvo a altas horas de la madrugada y aguardabas el sonido de la llave en tu puerta para tranquilizarte al saber que ya estaba en casa.

¿Y qué me dices de la noche que pasaste esperando una charla pendiente con tu jefe, o tu abogado, para ponerte al tanto de las últimas noticias?

Las manecillas del reloj parecen detenidas, paradójicamente, en el tiempo. Los sonidos nocturnos se acentúan con más intensidad que de costumbre. Quisieras dormir, pero aunque el cansancio es demoledor, no puedes conciliar el sueño. Demasiado preocupado como para olvidarte de todo.

Demasiado cargado como para dar media vuelta, abrazar la almohada y considerar que todo fue producto de un mal día.

Es entonces cuando la noche puede transformarse, peligrosamente, en una pasiva y crónica oscuridad.

John Mason suele decir: «Deja de hablar a toda hora de la situación que atraviesas. Decide ahora mismo atravesarla. No aceptes tu actual situación pasajera como tu futura situación permanente».

Lo que ocurre es que quizá podemos permitirnos una noche de duelo, pero no podemos vivir toda la vida como si nunca amaneciera.

Imagina a Abraham sumido en una depresión tan profunda que al día siguiente no quiere levantarse de la cama. Tenía cientos de razones para no tener que madrugar. Para hacer de su insomnio una noche eterna.

Si debo ser honesto, tal vez yo me hubiese encerrado a orar. O trataría de negociar con Dios una segunda opción, o un plan alterno. Pero de algo estoy seguro, de haber estado en los zapatos del profeta, no me hubiese movido de la habitación. Ahora que lo pienso, ni siquiera me hubiese quitado el pijama.

Perpetuando tu noche

A mediados del año 1999, sucedió algo muy particular que estuvo a punto de arrojarme a una noche eterna de depresión profunda. Una tranquila mañana fue interrumpida con la llamada telefónica de un pastor que tenía la «primicia» de una falsa acusación en mi contra.

Se trataba de una carta que un periodista del ámbito secular había escrito, poniendo en tela de juicio mi integridad personal.

—Es increíble lo que dicen de tu persona —decía mi interlocutor ocasional, de hecho, y agregó— estoy pasando por telefax y correo electrónico esta carta a todos los ministerios que puedo y a los medios de comunicación. Es bueno que todos estemos enterados —concluyó sonriendo.

Aunque no comprendía las razones por las cuales un periodista se había dedicado a murmurar en mi contra, mucho menos entendía la morbosidad de este hombre al querer divulgar una mentira. Quizá se trataba de un cóctel de celos y envidia. O tal vez, lo hacía por ignorancia.

Lo que sea, me arrojó sobre la alfombra de la habitación en un profundo estado de tristeza.

Durante muchos años, había oído hablar acerca de la bienaventuranza que significaba cuando alguien hablaba mal de uno, mintiendo. Pero en aquel entonces, me sentía de cualquier manera, menos bienaventurado.

Tenía cientos de preguntas para hacerle al Señor.

Quería presentar una denuncia formal en el libro de quejas del Reino.

Imaginé que alguien iba a defenderme o poner la cara por mí.

Soñé con un castigo ejemplar de parte de Dios para el que había inventado la murmuración, y una tortura peor para el que la estaba divulgando.

Como sea, y aunque obviamente nada de esto ocurrió, tuve la peor noche de mi día. Y claro está, como te imaginarás, no culminó con el amanecer.

Estaba muy enojado, molesto y dolido como para que solo durara una noche de insomnio. Y en lugar de atravesar la situación, decidí perpetuar el problema. Agigantar la crisis por mi propia cuenta.

Es increíble observar la gran cantidad de gente que hace exactamente lo mismo. Y hasta quizá, hayas hecho algo similar alguna vez.

Lees y relees una y otra vez el diagnóstico del médico.

Te aprendes casi de memoria las palabras con las que ese amigo te ofendió.

Reeditas esas amargas imágenes del momento en que te faltaron el respeto.

Vuelves, mentalmente, a ese sitio donde juraste que no querías regresar.

Te levantas por las madrugadas, solo para volver a leer ese telegrama.

Rebobinas la cinta de la contestadora, con la sola razón de escuchar una vez más esos inmerecidos insultos, mientras dices entre dientes que no puedes creerlo, después de todo lo que hiciste por él.

Decides, sin razón y aunque te duela, hacer eterna la peor noche de tu alma.

Recuerdo que fue mi esposa quien, luego de varias semanas, me regresó al mundo real, y por sobre todo, al espiritual.

—No tienes razón para sentirte triste —dijo—, se trata de una mentira infundada que no va a prosperar, y como tal, tendrá que diluirse. Al Señor le sucedieron cosas peores y siguió adelante. Por otra parte

—agregó—, Él no murió en la cruz para mantener a salvo tu reputación, sino por amor a sus hijos. Nunca te aseguró que todos iban a quererte.

Sé lo que estás pensando en este mismo instante. Que tuve la fortuna de casarme con una mujer muy sabia. Y estoy plenamente de acuerdo.

Esas sencillas frases lograron que determinara ponerme en pie. Trabajar más que nunca y levantarme, como Abraham, muy temprano, para dar por finalizada mi noche. Lo que sea, iba a enfrentarlo.

Pero no creas que no te comprendo. Sé de esa manía de reeditar imágenes que solo lastiman y empeoran la prueba.

Mira a Pedro esconderse entre las sombras de su propia vergüenza. No es la traición lo que más le duele. Son las palabras del Maestro repicando en su mente como un martillo.

Antes del amanecer, me traicionarás.

De no ser porque el Maestro lo envía a buscar, Pedro podría seguir viviendo en su eterna noche privada.

La noche del día en que traicionó a quien decía amar.

La noche del día en que se volvió un cobarde.

La noche del día en que dejó de ser un amigo incondicional para transformarse en un vil traidor.

Creo que por la mañana, Pedro tampoco tiene ánimo para quitarse el pijama. Tal vez ni siquiera se peine o se lave la cara. No le encuentra el sentido a tener que salir a la calle. Ya no le quedan motivos valederos para levantarse temprano a luchar.

Esas palabras, aquel momento, esa noche. Todas parecen ser razones para estar deprimido. Por eso, el Señor lo envía a llamar.

—Díganle a todos, y a Pedro, que acabo de resucitar.

Tal vez sea necesario crecer un poco y regresar al tenebroso pasillo de la tía Josefa. Cuando dejas de ser un niño y regresas a la peor noche de tu vida, te das cuenta de que el pasillo no era tan oscuro. Ni tan largo. Y que tampoco había monstruos en los rincones, esperando devorar a los niños que transitan por él.

Posiblemente, todo aquello que alguna vez te afligió, al igual que Pedro, algún día solo forme parte de una simple anécdota del pasado.

Es que todos los pasillos oscuros se ven pequeños cuando tú creces.

EL DESIERTO PERSONAL

Primer día de camino

«... y enalbardó su asno, y tomó consigo
dos siervos suyos, y a Isaac su hijo; y cortó leña
para el holocausto, y se levantó, y fue al lugar
que Dios le dijo. Al tercer día alzó Abraham sus ojos,
y vio el lugar de lejos».

GÉNESIS 22.3-4

Capítulo siete

EL DESIERTO PERSONAL

Primer día de camino

«... y enalbardó su asno, y tomó consigo
dos siervos suyos, y a Isaac su hijo; y cortó leña
para el holocausto, y se levantó, y fue al lugar
que Dios le dijo. Al tercer día alzó Abraham sus ojos,
y vio el lugar de lejos».

GÉNESIS 22.3–4

Sentado en el piso del aeropuerto de Madrid. Uno de los puertos aéreos más grandes de Europa. Con miles de personas yendo y viniendo sin control. Con maleteros que gritan ofreciendo sus servicios. Oyendo esa gélida voz por los altoparlantes anunciando un próximo vuelo. Y yo sentado, con Brian y Kevin, nuestros dos niños, en el suelo.

¿Has perdido un vuelo alguna vez?

No. No me refería a algunos minutos de atraso, sino a un día entero de demora.

Mi esposa lo soluciona rápido, yendo a comprar algo en el Duty Free. Pero un hombre... un hombre no tiene mucho que hacer cuando su vuelo sufre una demora, excepto querer provocar un incendio en la aerolínea que debía llevarlo de nuevo a casa.

Como si fuese poco, el recordar el diálogo con la muchacha del mostrador solo lograba enfurecerme más.

—Lo siento, señor Gebel, su vuelo a Buenos Aires ha sufrido una pequeña demora —me había dicho con su característico tono madrileño.

Una noticia de ese tipo, deberían saberlo las compañías aéreas, nunca cae bien. Así que es inútil que lo diga con esa sonrisa congelada.

—¿Una demora? ¿De cuánto tiempo estamos hablando? —pregunté con la mejor cara de molesto que encontré (no sé por qué uno cree que enojándose, quizá haga despegar al avión).

—Unas... doce horas.

—¿Cómo que unas doce horas?, ¡eso es mañana!; eso no es una demora, ¡es una cancelación del vuelo!

Escucha lo que la muchacha me dijo, y fíjate si acaso no coincides conmigo en que hay momentos que deseas, literalmente, una pequeña licencia para bajarte de la cruz.

—Mire, señor Gebel, yo no estoy aquí para discutir una cuestión de semántica con usted. Llámelo demora o cancelación, como guste. Pero su vuelo sale mañana a primera hora.

Así de sencillo. Tienes una vida programada, tu agenda al límite, una cena de avión con la cual contabas para tus niños que ya empiezan a desfallecer de hambre, y esta jovencita uniformada simplemente te dice que todo lo que planeaste le importa un comino.

Es inútil que te cuente todo lo que traté de decirle para persuadir a la aerolínea a que me llevase a casa.

Le dije que tenía una reunión importante con mi equipo de trabajo en Argentina.

Mencioné que era un conferencista conocido y que no solían pasarme estas desagradables situaciones. La amenacé con escribir esta triste anécdota en un libro, algún día.

Pedí hablar con el gerente o un supervisor.

Le mostré los rostros hambrientos de nuestros niños.

Me encargué de hacerle notar que ya no quería andar con todas esas molestas maletas familiares.

Intenté convencerla ofreciéndole un video de una de mis cruzadas.

Levanté el tono de mi voz para que le quedara claro que no podían jugar con mi tiempo, que por cierto, era muy valioso.

Volví a pedir por el gerente o el supervisor, y ahora que lo pienso, jamás apareció.

Le rogué que consideraran cambiar nuestros pasajes con otra compañía que estuviese yendo a casa en ese mismo instante.

Le mostré mis credenciales doradas de viajero frecuente, pensando que temblaría al verlas.

La muchacha solo siguió sonriendo, mientras mencionaba:

—Lo siento. No puedo hacer nada.

Así que, extremadamente molesto, me senté en el piso del aeropuerto español a esperar. Tal vez haya habido asientos libres, pero el suelo helado me sonaba más a protesta. Quizá algún piloto de paso, al verme allí con mi familia, se compadeciera y me ofreciera llevarme en la cabina de comandos en algún vuelo, o en la bodega de equipajes.

Definitivamente, no nos gusta esperar. De hecho, no he encontrado un solo mortal al que le agrade la demora.

Atascado en el tránsito, un viernes de hora pico, cuando por alguna estadística razón parece que todo el mundo quiere llegar a casa en el mismo horario y por la misma autopista.

En la monótona y aburrida fila de un banco, mientras que solo puedes dedicarte a escuchar la autobiografía de una vecina chismosa.

En la sala de espera del dentista, mientras que ese ruido del taladro te perfora los oídos y la poca valentía que te quedaba al llegar.

En la fila del supermercado, luego de elegir la que creías que tenía menos gente, para luego darte cuenta de que esas dos señoras que te preceden parecen haberse comprado la cadena alimenticia de la nación.

Pero indudablemente, hay algo que supera, inclusive, a una demora de doce horas en un aeropuerto.

Me refiero a cuando debes esperar por una solución, inclusive sabiendo que puede venir de parte del Señor.

Es una de las cosas que más admiración me despierta en Abraham. Que tiene que obedecer a Jehová, caminando tres días, con sus noches, y esperar como único saldo.

Setenta y dos horas sin ninguna contraorden divina, sin cambios de planes. Tres días es mucho tiempo para un padre que recibe la orden de matar a su hijo. Tres días de desierto es mucho más que una demora, es una cancelación de tus propios planes.

Cuando lo que se ve, no es lo real

Alguien dijo alguna vez que existen tres ópticas de ti mismo. Como te ven los demás, como te ves a ti mismo, y como realmente eres. Y para saber la diferencia exacta entre las tres opciones, indefectiblemente debes pasar por tu desierto personal.

Hace poco, estuve en Ciudad Juárez, México, compartiendo unos días con el reconocido misionero y pastor Víctor Richards. Y él me recordaba que un presidente de Estados Unidos, Harry Truman, solía decir: «Si no aguantas el calor, sal de la cocina», haciendo una clara referencia a los desiertos y pruebas que en ocasiones tenemos que enfrentar todos aquellos que queremos lograr un milla extra en nuestra vida personal.

Moisés no es el mismo muchacho impetuoso y sanguíneo que apaleó a un egipcio luego de atravesar el desierto. Ahora se conoce. La espera, quizá, logró molestarlo al principio, pero luego lo hizo encontrarse consigo mismo.

Ahora, no escuchará aquello que los demás digan de él. Ni tampoco oirá la voz de su propio ego gritando desde el espejo. Moisés sabe a la perfección cuáles son sus debilidades y sus puntos fuertes. Es que el desierto no es otra cosa que la universidad de la vida. Aquello que nos confronta con nuestro propio yo.

¿Te has sentido muy santo alguna vez, para luego descubrir que un ataque repentino de ira lograba tirar tu presunta paz por la borda?

¿Te sucedió luego de estar orando por horas, y cuando honestamente te sentías una persona íntegra, te dabas cuenta de que otra vez estabas anidando un pensamiento impuro en tu corazón?

Sucede que, en ocasiones, lo que se ve en la superficialidad, no es la misma realidad en las profundidades de nuestro ser. Y Dios necesita tratar con nuestra personalidad en el desierto. Sacar a la luz nuestro lado oscuro.

Lo mismo le sucedió al pueblo de Israel. Supongo que en un momento se habrán sentido muy agradecidos con su liberación. Luego, tal vez, con algo de derecho. Y con el correr de los días, ya estaban hartos de esperar por la tierra prometida.

Las mismas personas que daban gritos de guerra observando cómo el mar se abría en dos y cantos de júbilo cuando caía el primer maná, ahora amenazaban a Moisés diciéndole que regresarían a Egipto si no los llevaba rápido al lugar que les había prometido.

Es increíble lo que unos pocos días de desierto logran hacer en nuestro carácter. Es que la arena solo cumple la función de raspar lo que hay en el fondo, en la base del corazón, para traerlo a flote.

Cuando llegué con las maletas al aeropuerto de Madrid, y los pastores anfitriones me despedían, debo confesar que me sentía un santo varón de Dios. Habíamos tenido unas reuniones increíbles en Valencia, las islas Canarias, Cartagena, y una gran cruzada en el pleno corazón español. Ahora, solo me restaba regresar a casa para continuar con mi humilde servicio al Señor. Pero a los pocos minutos quería ahorcar, en un acto de justicia por mano propia, a la muchacha del mostrador.

La espera del desierto, siempre nos muestra lo que realmente falta pulir en nuestro carácter.

Si nuestro pasar por la vida se tratara solo de tranquilos y refrescantes oasis, quizá nunca podríamos descubrir las materias que nos faltan para eximirnos en el Reino. Podemos llegar a cometer el gravísimo error de vivir una falsa realidad. Una vida de escenografías de cartón.

El muestrario de la humanidad está repleto de personas que viven en un simulador.

Creen que lo tienen todo, porque poseen una abultada suma de dinero en el banco. Pero cuando llega la noticia de la quiebra financiera, se dan cuenta de que nunca fueron realmente felices.

Consideran que tienen un buen matrimonio porque casi nunca discuten. Pero cuando estalla la presión de una enfermedad, o una infidelidad muy guardada, despiertan con la noticia de que vivían en un simulador.

Suponen que sus hijos serán grandes personas, porque nunca les hicieron faltar nada y los enviaron a los mejores colegios. Pero para cuando la droga los ha hecho esclavos, se percatan de que todo era una irónica escenografía virtual de una familia tipo.

Sudan, pero no avanzan. Corren, pero no llegan a ninguna parte. Derrochan energía, pero no hay progreso personal. Son las personas que pedalean en bicicletas fijas. Que corren en las cintas de la vida.

Y es por esa razón que los desiertos personales y ese malogrado primer día de camino son necesarios para posicionarnos en el mundo real. Para mostrarnos cómo somos y aquello que nos hace falta en realidad.

Los tres niveles del primer día de camino

Cuando estábamos recién casados, recuerdo que una pésima noticia inauguró nuestra travesía por la arena. Me habían despedido de mi empleo como gerente de ventas de una importante firma.

Liliana, mi amada esposa, me alentó diciéndome que de alguna manera saldríamos adelante, y que lo más importante era que permaneciéramos fieles al Señor.

Los primeros días de desempleado no fueron muy difíciles. Alguien nos ayudó a pagar la renta del apartamento que rentábamos por aquel entonces, y teníamos la esperanza de que el Señor tendría alguna solución de un momento a otro.

Pero un domingo comenzó la incursión por el museo de nuestra propia personalidad. Recuerdo que aún no habíamos comprado nuestro primer automóvil, así que teníamos que arreglarnos para viajar en ómnibus.

—Ya no tenemos dinero para ir a la iglesia —mencionó Liliana.

—Supongo que el Señor querrá que nos quedemos en casa —respondí con un tono muy espiritual, después de todo no me parecía tan mala idea mirar un poco de televisión para distraernos de la crisis económica.

—Creo que debemos ir de igual modo —dijo mi esposa como si no hubiese oído mi declaración profética de quedarnos en casa a llorar juntos frente a una telenovela.

—Perfecto —respondí entre dientes—, supongo que ya estamos en una situación límite, así que Dios tendrá que hacer un milagro.

El milagro al que me refería era que nos separaban más de cinco kilómetros de la iglesia en donde nos congregábamos, y que si no había dinero para boletos de ómnibus, algún ángel tendría que transportarnos como a Felipe.

Así que nos pusimos los mejores trajes, y comenzamos nuestro largo camino al templo.

Siempre menciono que es curioso como todos nos parecemos en los desiertos personales. Sabemos que estamos en el medio de un trato de Dios, pero de igual modo pretendemos tener el control. Decimos lo que nos gustaría que el Señor dijese.

—Dios no va a permitirnos caminar tantas cuadras de distancia —dije—, Él sabe que no estamos yendo al cine o a divertirnos. Se supone que vamos a adorarle a su casa. Estoy seguro de que complacido por nuestra disponibilidad de ir pese a cualquier circunstancia adversa, nos bendecirá en grande.

Caminamos unos ochocientos metros sabiendo que podíamos encontrar «por providencia divina» alguna billetera olvidada en la acera. O un maletín con dinero que alguien había dejado en alguna vereda, como al descuido.

O quizá un billete, o un par, tal vez. A quien se le cae un billete, también se le pueden caer varios. Si Dios quiere bendecirnos, será mejor que no esté pensando solo en el boleto del ómnibus, cuando puede solucionarnos el problema de toda una semana, o el mes.

También consideramos que podríamos formar parte de esos milagros increíbles de los cuales hemos oído en tantas ocasiones. Alguien desconocido podría cruzarse en nuestro camino, y decirnos algo así como:

—No me pregunten por qué, solo sé que debo darles este dinero. Sé que no me conocen, pero recibí esta orden de parte de Dios.

Y luego de entregarnos una buena suma, darnos vuelta para que nos percatemos de que acaba de desaparecer ante nuestros ojos. Un ángel no sería una mala idea.

Durante nuestros primeros mil metros de caminata, recuerdo que me apropiaba de cada versículo bíblico, reclamando nuestros derechos y heredades: No he visto justo desamparado, ni su simiente que mendigue

110

pan, o que tenga que caminar a la iglesia —oraba en mi versión libre y autóctona de las Escrituras—. Pedid y se os dará, buscad y hallaréis —remarcaba esto último sin levantar la mirada del piso.

Pero creo que ya te mencioné lo que la espera puede hacer en nosotros. Dios quería sacarme de mi simulador de espiritualidad para confrontarme con lo que realmente pasaba por mi interior.

Fue entonces que pasamos al segundo nivel.

—Señor... por favor... te lo rogamos... somos tus hijos amados. Lo único que te pedimos son solo algunas monedas para no tener que seguir caminando hacia la iglesia. Eres el dueño del oro y la plata, y solo te pedimos algunas monedas que no vayas a usar o que te sobren.

¿Te diste cuenta de la diferencia? Ya no hay reclamos, no te sientes con derechos a las promesas. Con el pasar de las horas, o los metros en este caso, intentamos conmover a Dios a través de la lástima.

He visto a cientos de personas acercarse al Creador de esa manera. Si bien es normal y saludable que alguien pueda llorar en la presencia del Señor, no creo que a Dios lo conmueva alguien que solo sabe llorar, teniendo lástima de sí mismo. Él quiere un ejército, no un grupo de ovejas machucadas.

Voy a contarte un secreto.

A Dios no lo mueve la necesidad.

¿Oíste eso?

Es inútil que cuando trates de orar, te duelan las rodillas, o le digas que ya no soportas más, o que no mereces vivir esta situación, o que llores hasta que no te queden lágrimas.

A Dios lo mueve tu fe.

La nave de los discípulos parece que va a darse vuelta como una frágil cáscara de nuez. Las olas sobrepasan el barco y el mar se ve más enfurecido que de costumbre. Los hombres tienen pánico, pero Jesús descansa plácidamente en el camarote.

Uno de ellos se harta de esperar que el Maestro deje de roncar. Y lo despierta de un sacudón.

—¡Maestro! ¿No ves que perecemos? ¿No te da un poco de lástima que nos estamos por ahogar? ¿Cómo se te ocurre dormir a bordo del Titanic? ¿No podrías tener un poco de consideración con tus apóstoles?

Será mejor que los discípulos sepan, desde ya, que este día no figurará en ningún cuadro de honor. Esta no será el tipo de historia con la que futuros evangelistas armarán sus mensajes. Si querían aparecer retratados en la historia grande de los valientes de la fe, tengo que comunicarles que han errado el camino. De este modo no se llega a Dios. No conmoverán al Maestro con un sacudón y gritos desaforados. La histeria no enorgullece al Señor. Puedo asegurarles que Pedro, Juan y otros tantos querrán olvidarse de este episodio, y jamás le mencionarán a sus nietos que esto ocurrió alguna vez.

Pese a lo que hayas creído en todos estos años, la necesidad, insisto, no mueve la mano de Dios.

El Señor se levanta un tanto molesto. Este es el único momento para descansar en su atareada vida ministerial. Y estos mismos hombres que presenciaron cómo resucitó muertos y sanó enfermos, lo despiertan de un descanso reparador, por una simple tormenta en el mar. Se restriega los ojos, mientras trata de calmar a quien lo acaba de despertar de un buen sueño profundo.

—No tengan miedo —dice mientras bosteza.

El Señor sale del camarote y ordena a los vientos que enmudezcan. Y al mar que se calme.

—Hombres de poca fe —dice antes de regresar a la cama.

Uy.

Eso sí que sonó feo.

No quisiera irme a dormir con esas últimas palabras del Señor acerca de mi persona.

Pensaron que les daría unas palabras de aliento. O que les diría que la próxima vez no esperaran tanto para despertarlo. Quizá que mencionaría que para el próximo viaje se aseguraran de tener una mejor embarcación, o que chequearan si había suficientes botes salvavidas. Pero solo les dijo que fallaron en la fe.

Alguno de ellos, cualquiera, debió haberse parado en la proa y decir:

—¡Viento! ¡Mar! ¡Enmudezcan en el nombre del Señor que está durmiendo y que necesita descansar!

Esa sí hubiese sido una buena historia. Los evangelistas hubiésemos aprovechado ese final para nuestros mejores sermones.

Es que solo la fe mueve la mano de Dios.

En lo que respecta a nosotros, seguimos caminando hacia la iglesia, intentando conmover a Dios con nuestro dolor de piernas. Fue entonces, y casi cuando estábamos llegando, que llegamos al tercer nivel.

—¡Te reprendo, diablo inmundo, ato al hombre fuerte de la miseria, en el nombre poderoso de Cristo, me vuelvo en contra de todo espíritu que trata de ocultar el dinero que debería encontrar en la calle!

Del reclamo de heredad, pasando por la lástima, ahora estaba en el nivel del enojo y la frustración. Y es en ese preciso instante cuando confundimos al autor del desierto. Cuando perdemos la brújula y ya no sabemos si esto proviene de Dios, del diablo o de nuestros propios errores.

No estoy diciendo que esté mal el hecho de reprender al enemigo con autoridad. Me refiero a cuando queremos que el cielo nos dé una respuesta, debido a que estamos muy enojados frente al mostrador. Pero nuestra mala cara no hará que el avión salga más temprano.

Finalmente, llegamos a la iglesia. E inmediatamente creí saber cuál era el plan de Dios. ¿Cómo no me había dado cuenta? Era más que obvio que el Señor estaba probando nuestra fidelidad, pero ahora, llegaría el momento de nuestra merecida recompensa. Alguien de toda la congregación sentiría deseos de ayudarnos. De darnos el dinero que necesitábamos para regresar a casa, como verdaderos hijos de Dios. Así que aquel servicio solo fue un trámite para nosotros. Lo mejor estaría reservado para el final.

Cuando todos se estaban despidiendo, un querido hermano, Tito Spera, me vio por entre las personas del atrio principal.

—¡Dante! —exclamó—, ¡tengo algo para ti!

Oigan, ese sí era un hombre sensible a la voz de Dios. Creo que si se repitiera la historia de Sodoma, el

Señor no podría destruirla por amor a la talla de este justo varón.

Tito tomó mis manos, cerró sus ojos y oró.

Tal cual te lo cuento. Oró.

Ni recuerdo lo que dijo, creo que habló algo acerca de lo que Dios tendría para mí en un futuro y mencionó algunas cosas con respecto a mi familia.

Pero lo último que creía necesitar en ese momento era oración.

Había orado por más de cincuenta cuadras. Reclamé, imploré, exigí y clamé. Y ahora, este incircunciso se atreve a hacerme una oración.

A ver si puedo ser más claro y expeditivo: no quería una oración, quería dinero, en cualquiera de sus formas, cheque, monedas o billetes.

Regresamos a casa caminando, extenuados y, por mi parte, con muchas cosas que decirle al Señor. Si iba a plantearle una queja al cielo, este era un buen momento.

Doblé mis rodillas y solo dije un escueto:

—¿Hasta cuándo, Señor?

Y así como unas horas antes el desierto se me metía por los huecos de mi corazón, ahora, en cuestión de instantes, el Señor parecía que lo llenaba todo. Y creo, aunque no estoy muy seguro, que podía sentir que se sonreía de mi travesía.

El Señor habló a mi corazón.

—Hasta cuándo es lo que yo te pregunto. ¿Hasta cuándo tu gozo va a ser regulado por el dinero que tengas en el bolsillo o en la billetera? ¿Hasta cuándo tu estado de ánimo va a coincidir con tus finanzas personales?

Quiero que comprendas que soy un fiel creyente de la prosperidad divina, de hecho, dedicaré un capítulo más adelante a ello, pero en ese momento, sentí que la espera del milagro había logrado confrontarme con mi verdadera personalidad, con mi carácter.

Todo lo que había creído y aprendido lo había arrojado por la borda luego de las primeras diez cuadras de demora. Esa era mi capacidad de resistencia a una crisis: diez cuadras. En la cuadra número once ya no comprendía a Dios, ni por qué se tardaba tanto. Y más tarde, hasta lo había transformado en una cuestión personal con el diablo.

Me sentí avergonzado.

Recuerdo que hice un pacto perpetuo con Él. Le dije que si por alguna soberana razón, Él decidía que debía caminar hacia la iglesia todos los días del resto de mi vida, que iba a hacerlo con gozo, aunque no lo comprendiera.

Que mi relación con Él estaba por encima de cualquier circunstancia.

Y esa misma noche me confirmó que jamás volvería a pasar por lo mismo. Que porque había entendido el propósito de aquel primer desierto, ya no tendría que volver a rendir el mismo examen.

Es increíble lo que logra un primer día de caminata por la arena.

EL DESIERTO ESPIRITUAL

Segundo día de camino

Capítulo ocho

EL DESIERTO ESPIRITUAL

Segundo día de camino

Sospecho la razón por la cual Abraham se siente confundido y lleno de ansiedad en este segundo día rumbo al monte Moriah. Es ese temor de siempre. Esa paranoia que lo ha perseguido toda su vida. Ese santo temor de no saber si está haciendo lo correcto. Y lo que es peor, si algún error del pasado desató esta catástrofe espiritual.

Durante muchos años me pregunté si acaso Dios no tendría favoritos. Comprendo aquello de que Él no hace acepción de personas, pero aun así, siempre le daba lugar a la duda, si es que acaso no hacía ciertas diferencias. Sea lo que sea, todos esos increíbles hombres de Dios debían tener algo en común. Un denominador que en algún punto los hacía exactamente iguales.

Por lo menos, cuando era muy jovencito, los veía como modelos terminados. Como si no tuviesen los mismos errores y debilidades que cualquier mortal.

Me costaba imaginarme a Billy Graham luchando con las pocas ganas de orar. O a Oral Roberts siendo tentado a abandonar el ministerio. Y mucho menos, obviamente, podía imaginarme a un profeta de la talla de Abraham teniendo miedo a equivocarse.

Hasta que me detuve a observarlo mientras caminaba por el desierto.

Quizá, justamente, su fortaleza surja de su propia debilidad. Tal vez, ese común denominador que había buscado durante tanto tiempo, no era otra cosa que la dependencia absoluta del Señor.

El profeta se siente débil, y lleva cuarenta y ocho horas sin dormir, pero aun así avanza, sacando fuerzas de su propia debilidad.

Hace algunos años, tuve un almuerzo privado con el doctor Luis Palau en un céntrico hotel de Buenos Aires. Al principio, hablamos de algunas trivialidades del ministerio y de la vida.

Pero en un momento de la charla, y entre otras muchas perlas de sabiduría, el evangelista me miró directamente a los ojos y dijo:

—Dante, no importa cuán débil te sientas o cuántas veces quieras claudicar. Él te seguirá sosteniendo. Pero debes recordar que aun cuando sientas que no puedes más, debes continuar entrenándote para una nueva meta. Tu misión es conocer más a Cristo para conducir a miles hacia Él.

Si lees con cuidado lo que me dijo, notarás lo que significó para mi vida espiritual. ¿Cuál era mi motivación para servirle? ¿Ser un favorito del Señor o querer conocerlo más? Definitivamente, y como te mencioné en los primeros capítulos, mi meta siempre fue pertenecer a ese círculo íntimo del Padre. Pero debía convencerme de que no había nada especial que yo pudiera hacer para conocerlo más. Solamente esforzarme y sacar fuerzas de mi propia debilidad.

En el libro de Daniel 11.32, en la segunda parte, hay un pequeño tesoro escondido: «...el pueblo que conoce a su Dios, se esforzará y actuará».

Es imposible atravesar ese desierto espiritual sin conocerlo, y mucho más difícil es esforzarse y avanzar cuando todo lo que tenemos por delante, en ocasiones, no es más que arena.

Sé lo difícil de la situación que puedes estar viviendo ahora mismo.

Tú dices: «Perfecto. Voy a esforzarme a orar una vez más. Intentaré ayunar y buscar el rostro de Dios otra vez. Pero no sé hasta cuándo voy a aguantar la indiferencia de los cielos. Por alguna razón, no siento nada, los sermones me saben aburridos, y las canciones me resultan monótonas».

El doctor R. T. Kendall, ministro principal de la Capilla de Westminster en Londres, dijo que la crisis espiritual conduce directamente a lo que él llama «la barrera de la traición». Él opina que tarde o temprano todos los cristianos atraviesan por un período en el cual parece que Dios los ha abandonado.

Y es exactamente desde allí, cuando equivocadamente, muchos intentan recuperar su comunión perdida.

Ahí está el problema. No puedes intentar orar, o intentar ayunar, o intentar ser más espiritual, o intentar recuperar la comunión. Como diría mi amigo, el pastor Italo Frígoli: «Jamás intentes, simplemente entrena».

Algunas gorditas pretenden adelgazar intentando seguir esa dieta que vieron por televisión. Otros pretenden ganar un partido de fútbol intentando jugar por primera vez. Y también están los que quieren ser más espirituales, intentando tener una vida de oración y ayuno.

No se trata de intentar, sino de entrenar.

Cuando entrenas, continúas orando, aunque no sientas la voz de Dios. Y aunque te quedes dormido, regresas al día siguiente. Porque quien realmente ha logrado conocer a Dios, se esfuerza y actúa. Quien ha estado en intimidad con Él sabe que no se trata de magia u ósmosis, sino de una seria y concienzuda disciplina de entrenamiento.

La Biblia no pierde el tiempo con personas que no actuaron o no se esforzaron. Jamás les dedicó un solo párrafo a aquellos que solamente intentaron algo. La Palabra describe a quienes entrenaron para las grandes ligas. No se trata de la «siesta de los apóstoles», sino de los Hechos de quienes marcaron a fuego la historia.

El escritor a los Hebreos, menciona que:

Conquistaron reinos.

Hicieron justicia.

Alcanzaron promesas.

Taparon boca de leones.

Apagaron fuegos impetuosos.

Evitaron filo de espada.

Sacaron fuerzas de la debilidad.

Se hicieron fuertes en batallas.

Pusieron a ejércitos en fuga.

Nada menos. Esa gente pasó por los mismos desiertos que te toca atravesar a ti, pero se esforzaron por continuar, aun cuando la arena del desierto espiritual les lastimaba el alma. Y todo por la única razón, un bendito común denominador, una santa conexión: no se trataba de que eran «favoritos», sino de que conocían al Señor en la intimidad.

Una terapia saludable para un hábito destructivo

Hace poco me contaron una historia fascinante y conmovedora.

Se trata de un joven que cuando era niño había perdido su brazo izquierdo. Pero un día, al llegar a la adolescencia, decidió que quería practicar judo; sus familiares trataron de persuadirlo diciéndole que no podía practicar artes marciales siendo manco. Pero al muchacho no le importó la imposibilidad. En lugar de enfocarse en lo que no podía hacer, puso todos sus sentidos y su energía en aquello que sí podía hacer: practicar judo con un solo brazo.

Al poco tiempo, había logrado sorprender a su mismo entrenador, pidiéndole participar en un torneo regional. Para sorpresa de todo el mundo, este muchacho logró ganar el campeonato y ser el mejor en su categoría.

Un periodista le preguntó cuál era el secreto por el cual había ganado, a pesar de que contaba con un brazo de menos que el resto. El joven respondió:

—Dado que tengo la imposibilidad de un brazo, tuve que concentrarme en trabajar muy duro en la gran mayoría de los ejercicios. A diferencia de otros, sé que no puedo permitirme errores. Así que, como soy consciente de que cuento con menos recursos que la mayoría, tengo que lograr la perfección en lo que hago. Pero el gran secreto —dijo en tono cómplice— es que la única manera que tiene el contrincante para vencerme es tomándome del brazo izquierdo.

Increíblemente, este muchacho había logrado hacerse fuerte, justamente en su misma debilidad. En lugar de sentarse a llorar y reclamarle a la vida el porqué ya no tenía su brazo izquierdo, trató de esforzarse al máximo sacándole utilidad a lo que se suponía era su defecto.

Es que todos, sin excepción, tenemos una debilidad con la que hemos de tener que luchar por lo que nos reste de vida. El gran secreto es la manera en que reaccionamos a ella. Abraham no se detuvo a cuestionar su desierto espiritual, a pesar de que el cielo estaba de bronce. Él sabía que debía avanzar, aunque no sintiera absolutamente nada de parte de Dios.

La actitud que tomemos en esos momentos críticos es lo que hace que crucemos el desierto en tres semanas o cuarenta años.

Hace poco, un ministro de alabanza se me acercó en su propia oficina, y extremadamente dolorido y avergonzado, me confesó que una debilidad lo estaba matando espiritualmente.

—Estoy atravesando mi peor desierto —resumió.

Entre algunas lágrimas, este hombre, esposo y padre de varios niños, me comentó que un día, en la soledad de la oficina, decidió «investigar» algo acerca de la pornografía en internet. Me dijo que, honestamente, no lo hizo por morbosidad, sino por simple curiosidad. Pensó que como era un hombre adulto, no le haría mal un poco de información acerca de este flagelo.

Stephen Arterburn dice que un hombre tarda veinte segundos en mirar una imagen pornográfica y veinte años en borrarla de su mente. Y eso fue exactamente lo que le había sucedido a este hombre que ahora lloraba amargamente en su propio escritorio.

—Estoy atado a todo tipo de basura virtual —confesó—, al principio esas imágenes me chocaron drásticamente, pero luego, de regreso a casa, no podía olvidar aquellas fotografías. Al día siguiente, volví a navegar por sitios para adultos, pensando que solo se trataría de una pequeña mirada más, totalmente inofensiva.

Lo cierto es que desde hace meses, me siento vulnerable a todo tipo de pornografía. Lo que comenzó con una inocente mirada, se ha transformado en una adicción compulsiva. Cada vez que vuelvo a caer, siento una culpa atroz, pero luego, al cabo de unas horas, otra vez estoy envuelto en la misma trampa.

Aquel hombre me contó que en muchas ocasiones quiso hablarlo con su esposa, pero el temor al juzgamiento o quizá a perder su respeto, lo había hecho arrepentirse de confesárselo. Así que, hasta el momento en que finalmente me lo dijo, había optado por guardarse esa oculta debilidad en privado hasta poder solucionarla. Pero lo peor era que se sentía demasiado sucio para orar o recuperar la integridad perdida.

En muchas ocasiones, no había querido ministrar la alabanza en su iglesia aludiendo cualquier excusa, porque sabía que su vida espiritual atravesaba una crisis profunda.

—Hoy no solo me siento atrapado por la lujuria —dijo—, sino que además siento que mis oraciones son completamente huecas; estoy seguro de que Dios no quiere verme ni oírme.

Recuerdo que le mencioné que no tenía por qué darse por vencido. Que aún contaba con algo a su favor: reconocía que era un adicto a la pornografía y deseaba, profundamente, ser completamente libre de ello.

Luego, le conté la historia del muchacho manco, e hice hincapié en que debía enfocarse en esforzarse por cambiar su estilo de vida, y no en su debilidad.

Así que nos pusimos a trabajar juntos.

Hicimos una oración, pero le aclaré que nada milagrosamente instantáneo iba a suceder. Ese es el gran problema que tenemos los predicadores cuando le decimos a la gente que crea que una oración del evangelista lo cambiará como por arte de magia.

No es que ponga en tela de juicio el inconfundible poder del Señor, pero en muchas ocasiones se requiere mucho más que una imposición de manos. Se necesita un trabajo duro, un esfuerzo diario, entrenamiento.

No puedes «intentar» dejar la pornografía o ese hábito oculto que te derrota en la intimidad. No puedes creer que con pasar al altar el domingo, ya no te enfrentarás a tu gigante el lunes por la mañana. Te costará tu mayor esfuerzo diario, todos los días de tu vida.

Le dije a este hombre que cada vez que se sintiera tentado a consumir pornografía, aunque le diera mucha vergüenza, me llamara por teléfono, que íbamos a entrenar hasta reducir el hábito al mínimo. Que tenía que esforzarse al máximo. Que le esperaba un trabajo muy duro por delante.

Como sintió un gran alivio al confesarle a alguien su pecado, él consideraba que ya no tendría que luchar para vencer el hábito. O que llegaría un momento, a cierto nivel espiritual, cuando ya no tendría que hacerle frente a las tentaciones. Él también pensaba que Dios tenía favoritos. Intocables e inmunes a las ofertas del enemigo.

Hace unos años, en una importante convención de las Asambleas de Dios de cierto lugar de Estados Unidos, un reconocido evangelista, cuyo ministerio ha dado la vuelta al mundo entero, dijo:

«Tengo una palabra para los hombres de este lugar. Quiero que esto que voy a decirles, les quede bien claro a todos los ministros. Tengo ochenta y tantos años, y debo decirles que muchas veces me siento tan tentado como cuando era un joven adolescente. Nunca te distraigas, jamás bajes la guardia. Vas a pelear con tu carne hasta el último aliento de tu vida».

Dicen que la multitud de pastores y líderes que colmaban el lugar se miraban asombrados, porque creían que teniendo un ministerio tan renombrado y con cierta edad, ya no tendría las presiones que los afectaban en el presente.

El gigante de la debilidad no suele aparecer los domingos por la mañana. Tampoco luego que acabaste de orar. Él esperará pacientemente a que estés un tanto deprimido, solo o cuestionándote algunas cosas.

Entonces, como Goliat, hará su entrada triunfal en tu valle privado de Ela.

Te dirá que nadie se enterará si miras una película para adultos en la soledad del hotel. Es tan sencillo, el nombre de la película no aparecerá en la factura, y nadie se enterará.

Te susurrará que un hombre debe estar medianamente informado, y que un vistazo en un *tour* por algunas páginas pornográficas te pondrán al tanto de lo que afecta al mundo.

Mencionará que como eres maduro, hay cosas que a ti no te producirán ningún daño. Luego, cuando te sientas por tierra, te dirá que no te atrevas a volver a orar o pedir perdón al Señor. Que ya lo intentaste y fracasaste. Que obviamente no has nacido para ser íntegro.

Y cuando te das cuenta, te encuentras en medio de tu propio desierto.

Es por esa misma razón que comenzamos una saludable terapia para ayudar al hombre que me confesó su lucha privada. Convenimos en que de alguna manera, le pediría ayuda a su esposa. Que buscaría la forma de confesarle su debilidad, para que fuera ella quien lo supervisara en los momentos de mayor presión. Y luego, que cuando se sintiera solo, me llamara por teléfono para que oráramos juntos. Además, no olvidé mencionarle que aun a pesar de todos los recaudos que estaba tomando, era muy probable que volviera a caer en la trampa.

Pero que debía seguir luchando, que se trataba de una guerra mortalmente seria para su vida espiritual. Que esta iba a ser su batalla diaria. Y que cada noche que llegara a la cama sin haber cedido a la tentación, debía agradecer al Señor por haberle dado fuerzas, pero que debía pedir una nueva dosis de esfuerzo para el siguiente día.

Hace poco, me lo encontré en una reunión de pastores. Y me mencionó que estaba luchando todos los días, y que hasta el momento, no había fracasado. Que comprendió que la tentación lo espera a la vuelta de la esquina, y es por eso que no permite que el enemigo lo acuse, cuando se siente tentado. Pero que ofrece resistencia a cualquier tipo de pensamiento impuro.

—Desde que tomé la decisión de practicar esta «terapia de santidad» —dijo— parece como si una suelta de demonios hubiese venido en mi contra. Me han sucedido las cosas más atípicas. Me he encontrado con revistas para adultos «olvidadas» casualmente por alguien en un baño público. Me aparecen correos electrónicos que pasan todos los filtros de mi computadora, con invitaciones a navegar en sitios inapropiados. A veces, estoy mirando un inofensivo programa de televisión, y algún comercial erótico intenta contaminarme en los cortes. Pero estoy dispuesto a redoblar mi pelea. Voy a ganar esta batalla de la mente.

Gracias al Señor, mi amigo ya no intenta luchar, está entrenando para ganar. Y por lo que me cuenta, el infierno ya se ha enterado de ello.

Una debilidad que conduce a la búsqueda

Estuve considerando seriamente si valdría la pena confesar en este libro cuál ha sido mi debilidad, con la que yo también he tenido que luchar todos estos años. Casualmente, es la que, en muchas ocasiones, me ha introducido en el silencio de un desierto que hubiese preferido no atravesar.

Acaso todo provenga desde mi niñez, pero he luchado durante más de tres décadas con un gigante conocido: la baja estima.

El sentirme sin ningún valor, especialmente para el Señor, muchas veces me ha hecho pensar que no tenía sentido el seguir avanzando. En ocasiones, cuando me disponía a orar, sentía una voz que me susurraba que Él no me hablaría, ya que no tenía nada importante para decirme.

Mi debilidad, justamente, era el sentirme que no era valorado por el Señor. Que no contaría conmigo para planes demasiado importantes. El doctor James Dobson suele parafrasear lo que el Señor le dijera al apóstol Pablo. Él dice: «A cada uno se le pide que soporte algunas cosas que traerán consigo alguna incomodidad, dolor y tristeza. Acéptalo. Llévalo. Te daré la gracia para que puedas soportarlo».

En otras palabras, como aquel muchacho manco, quizá mi debilidad era justamente lo que me haría fuerte más adelante.

Durante el año 1992, recuerdo que atravesaba ese tipo de desierto. Sentía, como dije al principio de este capítulo, que Dios siempre bendecía más a los demás.

Por aquel entonces, comenzamos a oír que Dios estaba visitando de una manera especial el ministerio del pastor Claudio Freidzon.

Si debo ser honesto, en un principio no me gustó que eso estuviese ocurriendo. Otra vez, sentía que mi Padre le había traído un regalo muy especial a un hermano mío, pero había decidido ignorarme por completo. Una sensación de vacío me inundó de pies a cabeza. Cuanto más me hablaban de lo que el Señor estaba haciendo con Freidzon, más lograba molestarme. Sentía que Dios era injusto y parcial. Que últimamente se había dedicado a echar por tierra aquello de que Él no hacía acepción de personas.

Pero una tarde, a pesar de todos mis cuestionamientos, decidimos echar un vistazo a semejante «injusticia divina».

Tardamos muchísimo en lograr ingresar al templo, lo cual solo logró desalentarme más. Cuando finalmente pudimos ubicarnos, noté algo que logró paralizarme por completo.

Los líderes más reconocidos de la Argentina y hasta algunos de otras partes del mundo, estaban aguardando la ministración del pastor Freidzon. Las ligas mayores estaban allí. Estaba aquel a quien admiré por tantos años por su enorme ministerio de sanidad, y también aquel otro profeta que tenía el don de desnudar el alma de la gente. El pastor de la iglesia más numerosa hacía la fila junto con ese reconocido evangelista que resucitaba muertos. Todos, absolutamente todos a quienes más admiraba o había oído de ellos, estaban allí.

Y ese cuadro solo logró deprimirme más.

Le dije al oído a mi esposa que consideráramos salir de ese lugar.

Quiero que lo veas de esta forma. No sé si eres un ferviente admirador del fútbol, pero los sudamericanos no podemos vivir en esta parte del planeta si no sabemos algo al respecto.

Imagina que te apasiona el fútbol, pero nunca has jugado profesionalmente. Simplemente, pateas el balón de vez en cuando, en algún partido ocasional entre amigos. Toda tu vida has estado diciendo que es injusto que nunca te hayan dado la gran oportunidad de ser un reconocido jugador. Que de haber tenido los chances de otros, lo habrías logrado.

Un día, te enteras de que se realizará un partido en tu ciudad, y que puedes anotarte. Vas con toda la ilusión de demostrar quién eres, pero al llegar te percatas de que en la fila de los posibles jugadores está nada menos que el brasileño Ronaldo. Y detrás, el inconfundible Roberto Carlos. Un poco más allá ves a Messi. Y Maradona, que adelgazó un tanto y también quiere participar de, aunque sea, algunos minutos del juego.

¿Ahora comprendes por qué me sentía así en la iglesia de Freidzon? Porque al igual que tú, quería salir corriendo. No tenía chances.

Me sentía como aquel hombre que pretendió contar su testimonio de cómo Dios lo salvó de la inundación de su pueblito, delante de Noé.

Si justamente la debilidad con la que había luchado por años era la baja estima, por ello ahora me sentía completamente apabullado. No existía la mínima posibilidad de que Dios tuviese algo para mi vida.

Comencé a ver cómo decenas de reconocidos ministros del Señor recibían una dosis especial de unción en cuestión de instantes. La Gloria de Dios era tan palpable, que podíamos sentir que, literalmente, la atmósfera estaba electrificada.

Y aunque actualmente somos amigos, en aquel entonces casi no conocía a Claudio Freidzon. Pero algo me hizo pensar que debía enfocarme en lo que sí tenía, en lugar de ver mi debilidad. En un momento, pensé que aquello que me hacía sentir inferior era, justamente, lo que podía llevarme a un nuevo nivel.

Aunque me sentía un tanto torpe y demasiado joven entre tantos hombres de Dios, decidí que debía esforzarme. Avanzar. Que de igual modo, no tenía nada que perder.

Fue entonces que le pedí una reconfirmación al Señor. Que me mostrara si tenía planes para conmigo. Que por lo menos, me dijera si me estaba ignorando.

No fue una simple oración. Creo que me le interpuse en su camino. Fue como abrirme paso entre el gentío para tocar su manto. Confieso que sentí que aquella oración fue tan sincera y honesta que logró arrancar virtud del Señor.

Claudio, en ese mismo instante, giró sobre sus pies y me buscó por entre la gente del altar. Pude ver cómo se abría paso entre la multitud que esperaba una oración. No había posibilidades serias de que aquello estuviese ocurriendo. Sin embargo, me miró directamente a los ojos, colocó su mano sobre mi cabeza y dijo:

—Veo cruzadas de jóvenes en toda la nación y el mundo. Veo a miles llenando los estadios, el Señor cumple lo que te prometió. Él te levanta como el Pastor de los jóvenes.

En lugar de estancarme en mi desierto, decidí esforzarme y actuar. A partir de entonces, seguimos buscando desesperadamente el rostro de Dios. Y por cierto, cultivamos una buena amistad con Claudio, hasta el día de hoy. En ocasiones, pasamos horas hablando por teléfono o comentando algunas cosas del ministerio. Y muchas veces, recordamos aquella profecía, de cuando todo apenas era un sueño y este servidor atravesaba su peor desierto espiritual. Cuatro años después de aquella noche, realizábamos nuestra primera gran cruzada en el estadio Vélez Sarsfield con más de cincuenta y cinco mil jóvenes, y al día siguiente, los periódicos seculares encabezaban sus primeras planas con titulares que decían:

«El pastor de los jóvenes que promueve votos de castidad, reunió a una multitud en Vélez».

Aquello que había nacido en el corazón de Dios, se hacía una palpable realidad, y se comenzaba a escribir la historia de una nueva generación de jóvenes en Argentina. Justamente, aquello en lo que me sentía débil, fue lo que me condujo a la salida del desierto.

Por eso, cuando te encuentres allí, recuerda la frase del muchacho manco:

«La única manera que tiene el contrincante para vencerte es tomándote del brazo izquierdo».

EL DESIERTO MINISTERIAL

Tercer día de camino

Capítulo nueve

EL DESIERTO MINISTERIAL

Tercer día de camino

Hay momentos de mi adolescencia que aún me causan mucha gracia.

A decir verdad, no fui un joven demasiado complicado, aunque debo confesar que sí tenía un gran mundo interior.

Algunas cosas se me han borrado completamente de la memoria, o supongo que tal vez lo hice adrede. Pero otras, me hacen reír con el pasar del tiempo.

Mis padres tenían una obsesión que, por aquellos años, no podía entender del todo.

En casa había que ahorrar.

Podía entender lo que significaba ahorrar dinero en una cuenta bancaria, o comprar un electrodoméstico más barato. Pero no comprendía el tipo de ahorro de mis padres.

Cada vez que mi hermano lavaba nuestro automóvil familiar, mi padre gritaba que no gastara tantos litros de agua. Siempre reclamaban que no dejáramos el televisor encendido si nadie lo estaba viendo. Recuerdo a mi madre, caminando detrás de mí, apagando las luces que yo dejaba encendidas.

O golpeándome la puerta del baño, para que cerrara el grifo de la ducha de una buena vez.

Pero lo que más exasperaba a mi madre era mi relación con la nevera.

De hecho, si alguna vez fuiste adolescente, debes recordar esta práctica. Es más, no creo que haya algún joven en el mundo que jamás no lo haya hecho.

Recuerdo que abría la nevera de par en par, y me quedaba contemplando su interior como si se tratara de un cuadro de Vincent van Gogh. A pesar de que mi madre insistía en que pensara lo que iba a comer con la nevera cerrada, no podía concebir la idea de imaginarme un delicioso sándwich con las puertas cerradas de esa mágica y fría caja de pandora.

—¿No hay nada rico para comer? —preguntaba.

Y a pesar de los reclamos, mi madre se las arreglaba para que algo delicioso apareciera en la nevera antes del anochecer.

También recuerdo llegar a casa y dejar mi ropa para lavar abandonada y dispersa en los rincones más inhóspitos de mi habitación. Y a mi dulce progenitora diciéndome que me acostumbrara a colocar toda la ropa junta, para no gastar tanta cantidad de agua teniendo que lavar en distintas ocasiones.

Ante tanto ahorro exagerado, consideré que cuando fuera adulto viviría en una casa donde dejaría todas las luces encendidas, todo el tiempo que quisiera. Y que mi ducha diaria duraría tres horas o más. Y mis llamadas telefónicas no tendrían límite. Y también me propuse que en mi nevera jamás faltarían los deliciosos postres y condimentos para sándwiches a cualquier hora del día. Y por último: en mi casa, cualquiera podría abrir la puerta de la nevera por el tiempo que fuera, y contemplar su interior como una obra de arte.

No era tan mala idea. Después de todo, sería mi propia casa.

Pero algo extraño sucedió cuando me casé y formamos nuestra propia familia. Creo que mi plan de liberación y desenfreno doméstico solo duró un mes. Me bastaron treinta días para comprender lo que mis padres trataron de decirme por veinte años.

Las endemoniadas facturas de electricidad, agua y teléfono me dieron un golpe de realismo que aún me duele.

Nadie me había hablado de eso. Suponía que a la compañía de agua no le importaba cuánto tiempo me demoraba en mi ducha privada. Pensaba que al gobierno no le importaría que un hombre de bien dejara todas las luces encendidas en su propia casa. Bueno, en realidad no les importaba, pero los muy desconsiderados, me lo cobraban. Es más, me pasé mi juventud pensando que las líneas telefónicas eran un privilegio gratuito que los ciudadanos podíamos disfrutar.

Eso sí, había un oculto placer que nadie podría robarme, ahora que era jefe de mi propio hogar. Recuerdo que abrí mi nevera por primera vez y me quedé contemplándola con un secreto orgullo de lo propio.

—¿Por qué está casi vacía? —le pregunté a mi flamante esposa.

—Porque con lo poco que ganas y el escaso presupuesto, no podemos llenarla —contestó.

Es increíblemente sutil la manera en que las esposas pueden darte un golpe de realismo.

—Por otra parte, no la dejes abierta. Es una nevera vieja, y de ese modo, el frío se perderá —agregó para culminar la frase que terminaría por arrojarme a un mundo vacío y sin sentido.

Sé que suena humorístico, y es por eso que te mencioné que me sonrío de solo pensarlo. Aún recuerdo el día cuando comprendí que junto con la madurez de un hogar propio, debía ahorrar y presupuestarme.

Hubiese preferido que mis padres siguieran pagando las cuentas. O que nadie me complicara con fechas de vencimiento y facturas que afrontar.

Pero tuve que madurar y saber que ahora era el único responsable, junto a mi esposa, del futuro de nuestro hogar.

Algo parecido le sucedió al pueblo de Israel. Durante cuarenta años vivieron en una suerte de «adolescencia crónica». Durante cuatro décadas viajaban en calidad de turistas. El único esfuerzo se reducía a salir cada mañana de sus tiendas y recoger el maná que les caía del cielo.

Abrían la nevera de par en par y preguntaban:

¿No hay nada rico para comer?

Sin facturas. Sin vencimientos. Sin responsabilidades propias.

Pero un buen día, llega el desierto de la madurez. Lo que llamo el tercer día de camino. La era Josué.

Dios entrega órdenes precisas. Esfuércense. Avancen. Si quieren legumbres frescas, que siembren y cosechen el fruto de la tierra. Ya no habrá neveras llenas por la providencia de un papá precavido.

¿Se acabó el poder de Dios? Claro que no. Lo que se terminó es la época del maná sin esfuerzo. De la roca que vierte agua. Ya no vivirán en calidad de turistas, ahora serán soldados.

El apóstol Pablo solía decir que cuando era niño, pensaba, actuaba y juzgaba como un niño. Pero cuando fue hombre, asumió otro tipo de responsabilidades, y lo que es más importante, una mentalidad diferente.

Lo que sucede es que, en ocasiones, como estamos conscientes que duele crecer, no queremos transformarnos en adultos. La adolescencia espiritual es un mullido y cómodo sillón del que no dan ganas de levantarse.

Para Abraham es mucho más placentero amanecer cada día y ver a su hijo corretear bajo el sol, mientras siente el dulce aroma de alguna especialidad que emana de la cocina de Sara. Con la vida hecha, o por lo menos, planificada a largo plazo. Una nada despreciable fortuna en ganado y tierras, descendencia asegurada, buena reputación, una mujer con la cual envejecer y amigo de Dios. ¿Quién necesita algo más para vivir?

Pero al patriarca aún le falta subir al podio del padre de la fe. Dios aún debe trascender su razonamiento y la evidencia basada en los hechos. Aún falta que su maravillosa fe le fuera contada por justicia.

Su ministerio aún debe pasar por el crisol de un esfuerzo extra.

Cuando la arena llega en forma de indiferencia

Cuando aún Dios no nos había dado el ministerio que tenemos actualmente, pensaba que cuando Él me contratara todo iba a ser una panacea de unción y milagros diarios. Si bien, a lo largo de estos años, hemos experimentado la mano divina del Señor, había situaciones que desconocía por completo.

A veces, veo a jovencitos que están desesperados por casarse porque quizá imaginan que el matrimonio es un cóctel de sexo apasionado, anécdotas alegres y cantidad industrial de hijos jugando en el césped.

Aun cuando un matrimonio tenga todos esos condimentos, puedo asegurarte que ese no es el menú completo.

Lo mismo sucede con aquellos que se enamoran del glamour del ministerio, y creen que una vez que estén sirviendo al Señor en algo grande y relevante, todo andará sobre ruedas.

El estar alistados en las filas de Cristo conlleva mucho más que la fotografía en la portada de una revista cristiana o la tapa de un disco.

Recuerdo que en nuestros comienzos realizamos, en dos años consecutivos, dos de las más grandes cruzadas que se hayan hecho en Argentina. La primera fue en el estadio mundialista Vélez Sarsfield y la segunda en el Monumental River Plate, dos de los coliseos de fútbol más gigantescos de Sudamérica. En ambas reuniones, los estadios se colmaron con miles de jóvenes de todo el país y algunos del exterior.

Por aquel entonces, además de sentir que la gracia de Dios estaba operando en mi vida, ansiaba tener algún reconocimiento por parte del liderazgo mayor.

Sé lo que acabas de pensar. Y por ello, quiero dedicar unas líneas más a este pensamiento.

No era que estaba interesado por la honra del hombre, ni tenía que ver con mi orgullo o pedantería.

Una vez escuché una frase de un reconocido sociólogo que decía: «Puedes recibir la aclamación de un millón de personas, pero nada igualará al aplauso de tu propio padre».

Todos necesitamos ese tipo de aprobación paterna. Aun aquellos que alegan que la vida los ha hecho duros e impermeables a las palmadas en el hombro.

Nadie es completamente insensible a un halago reconfortante.

Desde niños, queremos que nuestros padres nos vean en el acto escolar. Deseamos que nos alienten al repasar nuestros cuadernos de la primaria. Ansiamos que nuestros seres queridos lleguen a tiempo para nuestra graduación. Que todos nos vean casándonos. Que se alegren cuando les muestres a tu hijo por primera vez. Que te feliciten por tu primer automóvil.

Una sonrisa a tiempo de quienes has admirado toda tu vida, en muchas ocasiones, hace la diferencia entre un fracaso y una vida exitosa.

En el ministerio, de alguna manera, todos reconocemos cierta paternidad en líderes que nos preceden y que han marcado la historia del Reino. Y a veces, una palabra de aliento de parte de ellos es combustible para nuestro motor. Gasolina para continuar por unos cuantos años, sin tener que mirar hacia atrás.

Así que recuerdo que luego de aquellas grandes cruzadas, pensé que alguien iba a decirme algo de parte del Señor o que quizá iba a alentarme a continuar.

No estoy juzgando y mucho menos planteando este cuadro desde la óptica del rencor. De tenerlo, no podría contártelo.

Solo estoy enfocándome en cómo me sentía.

La noche en que culminó la cruzada en el River Plate, que reunió a más de sesenta mil jóvenes, hecho histórico en nuestro país, terminamos cenando con mi esposa, completamente solos en un negocio americano de comidas rápidas.

Seguramente estás diciendo que si alguien tiene la gracia de predicarle a tantos miles, no necesita nada más, pero te equivocas.

Ahora, venían las deudas que afrontar. Los compromisos financieros que habíamos asumido por aquella noche de cruzada. Si bien no necesitaba que me dieran dinero, Dios sabía lo que hubiese significado por aquel entonces una llamada telefónica de un líder que simplemente me dijera que todo había estado medianamente bien.

Pero la madurez me llegaba acompañada por la indiferencia de quienes más respetaba.

A los pocos meses, una importante comisión pastoral se reunió en el corazón de Buenos Aires, con motivo de la llegada de un evangelista extranjero. Por alguna razón, recuerdo que alguien me invitó a estar presente.

En medio de la charla, uno de los líderes, tomó la palabra y dijo, algo más o menos así:

—Es hora de que la iglesia tome la iniciativa de impactar al mundo. Y este inminente evento es la posibilidad que estábamos esperando. Nunca antes, los cristianos de nuestro país hemos llenado un estadio para predicar a Jesucristo.

Seguramente este hombre estaba cometiendo un error. O estuvo viviendo fuera del país y nunca se enteró de que en los últimos dos años, los estadios más grandes se habían colmado con miles de jóvenes de toda la nación.

Afortunadamente, otro líder presente interrumpió el discurso.

—Perdón, pero debo decir que sí existieron otras ocasiones en que los estadios fueron testigos del poder de Dios —dijo—, no olviden la visita de Billy Graham y Jimmy Swaggart.

—Cierto —replicó el pastor—, pero siempre han sido ministerios extranjeros.

Indudablemente, yo no contaba a la hora de las estadísticas.

Con el correr de los años, he comprendido que se trataba de un trato de Dios conmigo. Pero descubrí que la indiferencia puede ser un arma letal. Por alguna razón, la iglesia de aquel entonces había decidido ignorar a miles de jóvenes que buscaban la santidad en concentraciones gigantescas.

Regresé a casa con el sabor amargo de una soledad para la cual no estaba preparado.

Debo decir que el Señor me reconfortaba, y fue su aprobación la que me mantuvo para continuar con nuevos proyectos, pero aun así, necesitaba el abrazo de aquellos santos líderes de quienes había aprendido tanto.

A veces, trato de ponerme en sus lugares, y en algún punto los comprendo. No me atrevería a juzgar apresuradamente a quienes no apuestan un centavo por un muchachito que solo sabe tocar la flauta y cuidar ovejas, y que ahora dice querer enfrentar al gigante filisteo.

Si estuviese en lugar de los hermanos de David, trataría de darle algún curso acelerado sobre estrategias de guerra. O le daría algunas clases de lucha cuerpo a cuerpo. O tal vez, lo llevaría a la tienda, y trataría de ponerle mi armadura. De hecho, si aun así se empeñara en pelear contra el gigante, no quiero estar ahí cuando eso ocurra. Me impresiona ver la sangre de un muchacho que está en la flor de su vida.

No se trata de celos, sino de sentido común.

Por un momento observa los detalles pequeños de Elías y Eliseo. Se han invertido muchas horas en el momento en que la unción es transferida de un profeta a otro. Pero pasamos por alto que Elías no estaba demasiado interesado en transferirle su unción a Eliseo. De hecho, no creo que le haya caído del todo bien cuando le llegó el telegrama de despido. Podemos verlo desde un marco espiritual, pero aun así, la frase «ungirás a Eliseo para que sea profeta en tu lugar», no es demasiado alentadora.

Es que, generalmente, no nos gusta la idea de tener que hacernos a un lado para dejar paso a quienes vienen detrás.

Tengo un amigo que siempre dice: «Cuando éramos jóvenes queríamos cambiar al mundo, y cuando envejecemos, queremos cambiar a la juventud».

Quizá esa fue la razón por la que Elías complicó un tanto el traspaso del manto y condujo al ansioso Eliseo a una visita guiada por Gilgal, Betel, Jericó y el Jordán. Por eso, no puedo dejar de sonreírme cuando pienso que Dios pasó a buscar a su profeta en un taxi de fuego.

«Ya vamos», le dijo tal vez.

Pero hay un detalle más.

Elías no le dio el manto.

La Biblia menciona que Eliseo tomó el manto de Elías «que se le había caído». Es obvio que el apuro por subirse al carro de fuego, y el fragor del torbellino, hizo que el manto quedara en manos de su sucesor.

Es que nos cuesta comprender que no somos imprescindibles. Que el mundo puede seguir girando sin nosotros.

Muchas veces, me siento tentado a hacer lo mismo, y sé que en más de una ocasión, inconscientemente, he cometido el gravísimo error de subestimar a muchachos prometedores, pero que a mi criterio, les faltaba experiencia o equilibrio espiritual.

El mismo David, que tuvo que soportar la indiferencia de su propia familia, cuando se transforma en el poderoso estadista y rey de Israel, tiene que recibir una seria advertencia de sus generales, que le aconsejan que «no salga solo a la guerra, que si lo eliminan, se apagará la lámpara de Israel».

En otras palabras, que no repita la historia, que no se considere el tapón del océano. Que aprenda a delegar la batalla a sus valientes.

Enemigos íntimos

Recuerdo que un año después de aquellas primeras cruzadas, realizamos una gran concentración en la plaza de la República, el mítico obelisco de Buenos Aires, donde históricamente se dieron cita cien mil jóvenes, según cifras oficiales de la Policía Federal.

Aunque podía ver la palpable gracia y el respaldo de Dios, los miles de jóvenes cambiados y desafiados para cambiar la nación, en lo profundo de mi ser aún esperaba el aliento del liderazgo. En realidad, a esa altura necesitaba el respaldo pastoral para continuar tratando de afectar a mi generación. Si hasta ahora, completamente solo, había logrado tantas victorias, suponía que con un gran apoyo de parte de la comisión pastoral, se lograrían mejores resultados.

Pero los desiertos ministeriales son muy curiosos y significativos.

John Maxwell dice que cuando intentas hacer algo, vas a encontrarte con un montón de gente que tratará de persuadirte para que abandones y te des por vencido. Cuando vean que no pueden lograrlo, te dirán cómo tienes que hacerlo. Y cuando finalmente lo hayas hecho, mencionarán que siempre han confiado en ti.

Luego de aquella concentración en el obelisco he escuchado las versiones más ridículas y singulares de toda mi vida. Algunos líderes afirmaban que habían pasado por el lugar y que «en realidad no pasaban las mil personas», cuando en realidad se había cortado el tránsito a veinte cuadras a la redonda. Otros, simplemente decían que «solo eran cien mil jóvenes y eso no representaba la iglesia de Cristo». Pero lo más sorprendente fueron aquellos que afirmaban que «ese tipo de eventos no tenía ningún propósito», que «era una molesta moda que tarde o temprano iba a extinguirse».

En ese entonces, no entendía las razones de esos comentarios. Cuando casi me había acostumbrado a la indiferencia, ahora debía prepararme para las críticas más feroces.

Durante más de un año, fui citado por los más importantes consejos pastorales con motivo de querer conocer mis motivaciones, los futuros proyectos y la gran pregunta: de dónde sacaba el dinero para solventar semejantes eventos.

Reconozco que gracias a aquellas citas, con el tiempo comenzó a surgir un genuino apoyo de grandes amigos pastores que conservo hasta el día de hoy.

Pero también, muchos otros opinaban que mi ministerio era una especie de «hongo» que había nacido solo y que crecía a pasos agigantados, para molestia de algunos.

Una cosa es que alguien subestime al flautista que cuida ovejas. Otra muy distinta es cuando debes continuar con tu ministerio esquivando lanzazos dirigidos a tu corazón.

Me parece oír los comentarios en voz baja de los dos siervos que acompañan a Abraham en el camino a Moriah.

Uno de ellos opina que el pobre patriarca está demasiado senil. A tal punto, que va a ofrecer un sacrificio a Jehová y olvida lo que se supone es lo más importante: el cordero para el holocausto.

Murmullos irónicos. Sonrisas por lo bajo. Gestos despectivos.

Es que cuando no puedes comprender lo que Dios está haciendo, y la indiferencia no dio resultado, el recurso más utilizado es la crítica mordaz.

El propósito de este capítulo es alentarte a continuar aun cuando no cuentas con la aprobación de todo el mundo. A proseguir, a pesar de que el Señor no se mueva por democracia.

De haberme consultado, le habría dicho al Señor que no apueste por un tipo tan volátil como Pedro. Demasiado inestable para mi gusto.

Le habría aconsejado con respecto a Simón, el Zelote. Le habría hecho notar que no es bueno que se le relacione con un disidente del oficialismo romano.

También le habría advertido a Dios acerca de Gedeón. No confiaría en alguien que se esconde.

¿Y qué hubiese opinado de Moisés? Perdona mi sinceridad, pero no podría confiarle una nación a alguien que estalla bajo presión y mata a palazos a un egipcio. Y mejor ni me preguntes acerca de Jacob.

La lista de personas improbables puede resultar interminable, visto desde mi óptica, o la tuya.

Todos solemos rotular, clasificar y criticar a quienes no comprendemos. Por eso, el apóstol insistía en no juzgar la motivación ajena.

En el transcurso de estos años, me he cruzado con decenas de personas que se acercan a pedirme perdón «por haber hablado mal de usted», dicen.

Mi pregunta inmediata siempre es qué fue lo que le hice.

Y la recurrente respuesta siempre es la misma:

—Usted no me ha hecho nada. Pero no compartía la manera en que usted predica.

Tan sencillo y letal como eso. Como no estoy de acuerdo con lo que haces, y la idea o la forma en que Dios te usa no es la manera en que yo creo que debería hacerse, disfrazo mi desagrado de reverencia con la trillada frase «no comparto».

Aquellos comentarios y la falta de apoyo de la gran mayoría del liderazgo, recuerdo que eran inmensos trozos de arena que se metían por cada hueco de mi corazón. Pasaba horas orando y preguntándole al Señor cuándo llegaría el día en que verían la mano de Dios en nuestro ministerio.

En varias ocasiones, fui invitado a predicar a la Catedral de Cristal de Los Ángeles, California, donde hasta hace unos años, el área latina era pastoreada por el reverendo Juan Carlos Ortiz. Él es, a mi humilde criterio y el de muchos otros, uno de los mejores oradores que la iglesia ha tenido en mucho tiempo. Ha escrito decenas de libros, tan innovadores como desafiantes. Y lo que es mejor y me llena de honra, me considera uno de sus amigos.

Cada vez que llegaba a su iglesia, él me hacía la misma pregunta de rigor:

—¿Ya hiciste tu lista de los que no te quieren? Es algo que tarde o temprano tendrás que decidir.

Y luego de lanzarme semejante frase, seguía escribiendo el cronograma del servicio en su computadora.

Juan Carlos opina que el día en que decides con quiénes quieres tener éxito, ese mismo día, implícitamente, decides con qué grupo vas a fracasar.

—Aunque lo intentes, jamás podrás agradarle a todo el mundo —decía—; si Dios te llamó a los jóvenes, enfócate en ellos, visualiza tu norte, y no escuches a quienes no comparten lo que el Señor te ha enviado a hacer.

—¿Y qué hago con aquellos que se empeñan en dejarme fuera de su círculo? —le pregunté completamente intrigado. Alguien que piensa tan evolucionadamente debe tener una respuesta sabia a mi cuestionamiento.

—Pues, eso no es un problema, haz tú un círculo más grande que el de ellos, ¡y mételos adentro!

Esa sí que es una gema escondida. Regresé de Los Ángeles con dos premisas, mis dos nuevos estandartes para salir del desierto ministerial:

No oiría las críticas del grupo al que no fui llamado a agradar, y haría mi propio círculo más grande.

Antes de subir al avión, Juan Carlos me contó que durante años él mismo fue resistido por varias organizaciones religiosas. Y que un hombre en particular se empeñó en perseguirlo y murmurar en su contra.

Un día, le planteó su problema al Señor. Y Él le dijo que aunque no quisiera a Juan Carlos, este hombre sí amaba a Dios.

Así que mi estimado amigo decidió abrir su círculo. Y durante años enteros, en su viaje a la Argentina, se propuso visitar a su enemigo íntimo. Las primeras veces, durante varios y extensos años, no fue recibido.

—No importa —decía Ortiz—, dígale que estuve y que le dejo mis saludos. Regresaré el año entrante.

Y lo hizo durante casi una década. Hasta que, finalmente, la puerta se abrió, y no salió ni la esposa ni el ama de llaves. Sino aquel que no aceptaba las formas de Juan Carlos, ni sus dogmas, y mucho menos, su «escandalosa doctrina».

—¿Vas a seguir viniendo? —le preguntó.

—Por supuesto, aunque no me quieras, tú sí estás dentro de mi círculo.

Y obviamente, a partir de ese momento, se transformaron en grandes amigos y colegas ministeriales.

Sé que es difícil lograr la aceptación en el inmenso y multiforme reino de Dios, pero el desierto nunca fue un sitio para sacarse fotografías. Normalmente, nunca encuentras a nadie que quiera retratarte.

Recién a fines del año 1999, los respetados líderes de mi nación comenzaron a asistir a nuestras cruzadas y a darnos su apoyo oficial. El cierre de un gran *tour* evangelístico que realizamos en todo el país, tuvo como marco el estadio Boca Juniors, donde se dieron cita unas setenta mil personas, y cientos de pastores estaban allí, llevando a sus jóvenes y participando de la fiesta.

Hace relativamente poco tiempo, las Asambleas de Dios me han otorgado las credenciales como Ministro Licenciado de mi organización, presido la Juventud Nacional de la Federación Evangélica Pentecostal, y nuestro ministerio está asociado con la Alianza Cristiana de Iglesias Evangélicas de la República Argentina.

Pero son apenas títulos que no pueden superar el apoyo espiritual que alguien puede necesitar en un desierto. Afortunadamente, hoy puedo decir que estoy rodeado de muy buenos amigos, entre líderes y pastores, que oran por nuestras vidas y nos apoyan incondicionalmente.

Pero aun más que todo eso, me bendice el saber que mi tercer día de camino no fue en vano. Aprendí lo duro de madurar y enfrentar mis propias responsabilidades.

Y creo que aprendí que, tarde o temprano, tendré que pasar el manto, en lugar de esperar que se me caiga.

MUCHO MÁS QUE PECES

«Entonces habló Isaac a Abraham su padre, y dijo:
Padre mío. Y él respondió: Heme aquí, mi hijo.
Y él dijo: He aquí el fuego y la leña; mas
¿dónde está el cordero para el holocausto?
Y respondió Abraham: Dios se proveerá de cordero
para el holocausto, hijo mío. E iban juntos».

GÉNESIS 22.7-8

Capítulo diez

MUCHO MÁS QUE PECES

«Entonces habló Isaac a Abraham su padre, y dijo:
Padre mío. Y él respondió: Heme aquí, mi hijo.
Y él dijo: He aquí el fuego y la leña; mas
¿dónde está el cordero para el holocausto?
Y respondió Abraham: Dios se proveerá de cordero
para el holocausto, hijo mío. E iban juntos».

GÉNESIS 22.7–8

E·l último fabricante de ladrillos de América. Hace poco, vi una película basada en la vida real de este singular hombre de color. Lo único que hizo, además de formar una hermosa familia, fue transformar arcilla en ladrillos durante sesenta largos años. La iglesia del pueblo fue construida con su materia prima. También el colegio principal. Y la alcaldía, la cárcel y el palacio de justicia.

Un día, un cáncer terminal acaba con la vida de la mujer con la que pensaba envejecer, y entonces, ya no tiene razones para seguir trabajando. Ni siquiera quiere cumplir su último contrato, entregar veintidós mil ladrillos para la construcción de la nueva biblioteca escolar. Hasta que una mañana, recuerda palabras de su esposa que había olvidado, a lo mejor, como un recurso para mitigar tanto dolor. Su amada le había pedido que nunca se diera por vencido. Que después de todo, él era el último fabricante de ladrillos de América.

Así que, ya contra el reloj, decide poner manos a la obra. Construirá, uno por uno, veintidós mil ladrillos en el plazo de tres semanas.

Cada mañana, a partir de las cinco y treinta, comienza la ardua tarea, hasta el anochecer. Los contratistas le dicen que es mejor renunciar a tiempo, que no lo logrará. Que rompa el contrato y le dé lugar a las modernas máquinas, que aunque no fabriquen ladrillos tan buenos y artesanales, servirán para la biblioteca.

Pero el viejo constructor no quiere darse por vencido.

Hasta que una noche, una incipiente e impiadosa tormenta lo inunda todo. Y faltando apenas una semana para la fecha de entrega estipulada, el agua desmenuza cada ladrillo que estaba puesto para secarse al sol.

Después de haber visto todo lo que ese hombre había trabajado, cada mañana, con un esfuerzo sobrehumano para cumplir con la palabra invertida a su difunta esposa, y contemplar el desastre natural que había provocado la lluvia, tuve ganas de llorar.

Dos semanas de trabajo completamente frustradas.

Pero dejemos por un momento a nuestro fabricante de ladrillos, para observar de cerca a otro hombre, que acaba con otra jornada frustrada de trabajo.

Seguramente su nombre te suene familiar. Simón Pedro.

Cuando el Señor lo llamó y le prometió ser pescador de hombres, Pedro era un hombre casado, dueño de una casa, socio de una pequeña empresa pesquera y con una suegra incluida.

No era del tipo desocupado. Era un hombre de trabajo, sabía lo que era levantarse temprano para traer una buena pesca que le proporcionara una significativa suma económica.

Y también sabía que cuando las finanzas fluctuaban, tendría que trabajar de noche, de ser necesario. Si acaso Pedro tiene algún problemita matrimonial no es porque sea un perezoso o un desamorado hacia su familia. Todo lo contrario, es un adicto al trabajo. No quiere que falte nada en su casa, jamás.

Así que pasa toda una noche intentando pescar algo, sin suerte. Ni una mojarrita, nada. Está frustrado, con sueño, y muy molesto. No le hablen a Pedro esta mañana, traten de evitarlo, en la medida de lo posible.

Pero el Maestro entra en escena y le ofrece a nuestro malhumorado amigo salir de pesca.

¿Te imaginas la escena? Yo hasta puedo verla.

—Mira, tú sabrás cómo resucitar muertos y sanar suegras, pero obviamente no sabes demasiado de pesca. Me he criado junto al mar y sé cuándo es hora de irse a casa. Lo que no has logrado en la calma de la noche, no sueñes con hacerlo durante el día.

El Maestro parece no escuchar las razones del empresario pesquero de Capernaúm.

—Perfecto —dice Simón con ironía—, si tú lo dices, allí vamos. En tu palabra echaré la red. Supongo que nada de lo que pueda decirte te hará cambiar de opinión.

Es entonces cuando el Señor decide prosperarlo con una abundante pesca. La Biblia menciona en los salmos que la creación reconoce al Creador, así que creo que cuando los peces vieron que la red había sido arrojada al mar por orden del Maestro, deciden que prefieren ser pescados por Dios antes que sencillos peces anónimos. Se pelean por morir en la red.

Y Pedro logra su mejor mensualidad.

Algo similar terminó sucediendo en la película del fabricante de ladrillos. Un niño y algunos vecinos le proponen volver a empezar, a pesar de que están contra el tiempo y que la lluvia lo ha arruinado todo.

Y comienzan a fabricar ladrillos, uno a la vez, pero con la ayuda de varias manos desinteresadas. Finalmente, el viejo obrero entregó sus veintidós mil ladrillos en una semana y cobró su contrato. Y por un momento se sintió rico. Aunque luego entendió que lo más importante no era el haber entregado los ladrillos a tiempo, sino el haber descubierto que aún podía hacer algo significativo con su vida, y que ya nunca más estaría solo. Ese era su verdadero tesoro. Su genuina prosperidad.

Es aquello que todavía no comprende Pedro, aun después de la pesca milagrosa.

Pedro llama a su esposa y le dice:

—Nuestros días de vivir ajustados se han terminado. Acabo de asociarme a un tipo que con solo tirar la red, la puede repletar de peces tantas veces como quiera. Con un socio de esa magnitud, podemos ir haciendo planes de cambiar nuestro automóvil, la casa y por qué no, comprarle un par de computadoras a los niños.

El pescador reducía la prosperidad divina a los peces.

Lamentablemente, me he dado cuenta, viajando a distintas partes del mundo, de que una gran cantidad de cristianos creen tener en Dios un «socio de pesca».

Reducen la prosperidad a una hueca doctrina de un Dios obligado a darles diez veces más de lo que siembran.

No estoy poniendo en tela de juicio la prosperidad del cielo, ni la ley natural de la siembra y la cosecha, solo que Dios es mucho más grande que una red repleta de peces.

¿Qué crees que quiso decir Abraham cuando menciona las populares palabras: Jehová se proveerá de un cordero para el holocausto?

No estaba diciendo, necesariamente, que Dios iba a reemplazar a su hijo Isaac por un animal, ya que él mismo no sabía lo que iba a ocurrir. De hecho, de morir el niño, lo haría en forma de un cordero para expiar los pecados. Esa también podía ser la prosperidad de Dios.

Tampoco creo que el patriarca estuviese practicando decir «las palabras correctas de la prosperidad» y considerara que si mataba a su pequeño, Dios estaría obligado a darle unos diez hijos más. Estoy seguro de que ningún padre puede pensar en reemplazar a un hijo.

No señor. No creo que Abraham creyera en ese tipo de prosperidad hueca. Estoy seguro de que, como el ladrillero que volvió a comenzar después de la lluvia, él sabía que ganaría algo mucho más grande que aquello que puede dar el dinero.

No quiero que te queden dudas respecto a mi postura en relación con la cosecha divina; creo en ella y la practico a diario.

Así como en los primeros capítulos te relaté que en su momento tuvimos que caminar para ir a la iglesia mientras buscábamos monedas en el piso, hoy puedo decir que vemos la mano próspera del Señor a cada paso.

Cuando algún periodista secular y malintencionado me pregunta si servir a Dios es un negocio, no dudo en responderle que no tiene por qué dudarlo. En esta Gran empresa no hay franquicias, ni límites geográficos. Hemos pasado el límite de tener un Dios presupuestado a nuestros ingresos. Hemos aprendido que las matemáticas de Dios son diferentes a las nuestras.

Tal vez sea allí donde se equivoca el apóstol Pedro.

Cuando el Señor le anuncia que va a morir, entra en un estado de pánico y comienza a cometer errores muy graves. Le corta la oreja a alguien que intenta prender al Señor, le discute al mismísimo Maestro el plan de redención diciendo que antes de pasar por la cruz tendrán que pasar por su cadáver.

—Explícate mejor, Jesús. ¿Cómo es eso de que vas a morir? ¿Y mis planes? Dejé mi empleo para seguirte, y ahora, muy fresco, me dices que vas a morir. Si mueres, me arruinas mi futuro, mi prosperidad.

—¿Qué crees que puedo decirle a mi esposa?: «Lo siento, mi socio de pescas milagrosas se quiso morir». ¡Y ni quiero pensar en la cara que pondrá mi suegra cuando se entere!

La visión de Pedro es la prosperidad superficial. Él sueña con un Cristo que unirá al pueblo en una revuelta contra los romanos. Una noche, tal vez le confesó a su esposa que era muy probable que él tendría un cargo importante en el nuevo gobierno que el Mesías vino a establecer. Que era muy posible que él administrara el departamento de pesca del estado.

Por eso dejó la barca y siguió a Jesús. Porque sacó cuentas, y los números le cerraban mejor con un socio de esta magnitud. Si iba a haber un nuevo orden de gobierno, él quería estar allí.

Por eso, para Pedro, que Cristo muriera era una pésima idea.

Y esa también fue la razón por la cual Judas se siente «obligado» a entregar a Jesús.

Después de todo lo que dejé por seguirlo, piensa, *tengo que parar a este hombre antes de que destruya todo lo que hemos logrado.*

Y otro tanto hace Pedro. Cuando Cristo muere en la cruz, siente que tiene que volver a empezar de abajo, y se va a pescar.

—Supongo que el negocio no resultó como esperábamos —le dice a su esposa.

Por esa razón es que insisto, las matemáticas de Dios funcionan diferentes a nuestra calculadora.

En más de una ocasión, aún en la actualidad, con mi esposa volvemos a sembrar todo (créeme que cuando digo todo es literalmente todo) lo que tenemos a nivel personal para un nuevo proyecto. Algunos pueden tener la suerte de separar las deudas del ministerio y sus inversiones del Reino de la vida privada. Pero en nuestro caso, hemos invertido a nuestro Isaac decenas de veces.

Por momentos, sentimos una extraña sensación de vacío e inestabilidad, pero sabemos que estamos en la correcta dirección del Señor, aun cuando nos duela en nuestro presupuesto y los proyectos personales.

Cuando realizábamos una temporada teatral en Buenos Aires, haciendo un espectáculo evangelístico, estalló el país, obligando al entonces Presidente de la República a renunciar y, por consecuencia, entre muchas otras tragedias, la paridad de la moneda nacional con el dólar americano pasó a ser una utopía.

Teníamos contratos firmados en dólares, que de pronto se triplicaron. Nos acostamos debiendo una suma, y amanecimos debiendo el triple, literalmente.

No puedo decirte que no me preocupé. Pero mi esposa siempre me recuerda que el Señor es más que un «socio de pesca». La prosperidad divina es mucho más profunda que aquello que suelen predicar los vendedores de medias verdades.

Así que tuvimos que abortar la visión con mucho dolor e incomprensión.

¿Acaso Dios no nos había mandado a hacerlo?

¿Hicimos algo mal en el trayecto que obligó al Señor a quitar su mano?

¿No sabía Él lo que sucedería en Argentina?

¿Habíamos dejado de oír la voz de Dios?

¿Qué debíamos decirle a aquellos que nos señalaban diciendo que habíamos fracasado?

Con un equipaje repleto de preguntas sin respuesta, nos subimos a un avión y fuimos a realizar una extensa gira, con toda la familia, por Estados Unidos, donde recorrimos Chicago, Los Ángeles, Nueva York, Houston, Miami y Puerto Rico. Tres meses completos lejos de casa. Aunque te suene a un divertido paseo, para nosotros fue completamente angustiante.

Aunque veíamos la mano de Dios en cada reunión o evento, aún no podíamos encontrar las respuestas a lo que había sucedido. La visión era loable. Estaba seguro de que había nacido en el corazón del Señor. Él me había dado todos los contactos con los profesionales que terminamos contratando.

Pero a mi criterio, algo había fallado.

Una de aquellas mañanas de más angustia, un empresario de mi país me llamó a Chicago, y me dijo algunas pocas palabras, pero suficientes como para que me sonaran a estocada final.

—Lo siento mucho, pero necesito que me devuelvas el dinero que te presté, en veinticuatro horas. No puedo esperarte más. Fabrícalo, de ser necesario —sentenció en tono irónico—, pero lo necesito para mañana.

Sentía, como diría el doctor James Dobson, que lo que Dios estaba haciendo no tenía sentido.

Pero si algo habíamos aprendido era que el Señor era mucho más que una red de peces, y terminaríamos por confirmarlo. Dios estaba viendo el plano entero, mientras que nosotros solo nos enfocábamos en el fatídico mes y medio que habíamos estado en el teatro. Como Pedro, estaba reclamándole al Señor que Él «no se podía morir ahora», que si éramos socios, no me abandonara con la peor parte, que era la deuda. Que no era buena idea que Él se retirara de la sociedad en estas circunstancias.

Pero el Señor tenía pensamientos y caminos más amplios. En cuestión de pocos días, pagamos cada centavo de los casi cien mil dólares que debíamos, a cada proveedor, cada actor, y cada uno de los que nos habían prestado dinero para el proyecto.

La gente se acercaba para darnos ofrendas, «porque Dios se lo había dicho», sin que nosotros mencionáramos una sola palabra al respecto.

Un empresario amigo, junto a su esposa, me preguntó directamente cómo podía ayudarme en la visión. Inmediatamente, completó aquello que debíamos y a partir de aquel entonces, cada mes, sigue sembrando dinero para solventar las visiones del ministerio. No solo gané un amigo, sino un empresario que sabe lo que significa invertir en el Reino.

Cuando regresamos al país, estábamos extenuados y, personalmente, creía que me merecía un descanso. Pero el Señor recién estaba comenzando con Su plan. Inmediatamente nos mostró que debíamos montar un nuevo espectáculo evangelístico en el estadio Luna

Park, uno de los coliseos cerrados más grandes e importantes de la ciudad.

Como te podrás imaginar, teníamos cientos de dudas, por todo aquello que habíamos tenido que pasar apenas un año atrás. Pero la orden de Dios era inconfundible, Él aún no había terminado aquello que había comenzado.

El estadio explotó de gente. Realizamos tres funciones en un mismo día en lo que llamamos «Misión Argentina». Todas las personas a las que les habíamos pagado la vez anterior, estaban muy gustosas de volver a trabajar con nosotros. Miles y miles de personas abarrotaron las instalaciones del Luna Park, dejando, lamentablemente, muchas personas afuera.

De hecho, ningún artista, hasta la fecha, ha logrado batir el récord de tres funciones en un mismo día. La última comenzó pasadas las doce de la noche.

Muchísima gente acampó en las inmediaciones del estadio desde la noche anterior. Dios estaba ordenándonos que a pesar de la tormenta que había acabado con nuestros ladrillos, comenzáramos, uno a uno, a construirlos otra vez.

A la distancia, me doy cuenta de que nunca hubiésemos hecho el espectáculo del Luna Park, de no haber pasado por el teatro. Y al cierre de este libro, estamos ante el inminente evento que realizaremos en el estadio Vélez Sarsfield, donde presentaremos un nuevo espectáculo multimedia, en el cual se combina lo último de la tecnología con el inigualable mensaje de Cristo para predicarles a cientos de almas perdidas. Volvemos al mismo estadio que alguna vez fuera el génesis de nuestro ministerio.

Ahora comprendo las razones de semejante fe en Pedro. Este mismo pescador que alguna vez maldijo que Cristo fuera a la cruz y pensó que su negocio estaba terminado, ahora se deja crucificar como un mártir, a causa del Maestro.

Es que conoce una prosperidad que va mucho más allá de los límites naturales.

Ahora imagina las figuras del patriarca e Isaac en medio del desierto. Caminan desde hace horas, hasta que el niño interrumpe el silencio. Tiene una pregunta lógica para un muchacho de doce años.

—Papá, tenemos para hacer fuego, la leña, ¿pero no se supone que debiéramos también tener un cordero?

El profeta no pronuncia palabras por un instante casi eterno.

Uno de los siervos deja oír una ahogada risita, mientras que el otro lo codea para que se calle.

Por fin, alguien tenía que decirlo, piensan.

El viejo hombre hace una pausa antes de seguir caminando. Apoya su mano sobre la cabeza del muchacho, y revuelve sus cabellos.

Es cierto, los números no le están cerrando a Abraham. Este negocio no está funcionando bien. Su saldo está en rojo. Este podría ser un buen momento para abandonar. O una buena excusa para llorar junto a su hijo.

Pero Abraham sabe que Dios es mucho más que un cordero. Mucho más que un holocausto, inclusive, mucho más que su propio hijo.

—Dios proveerá, hijo, Dios proveerá —dice, y sigue caminando.

En cuestión de pocas horas, estarán subiendo al Monte del sacrificio, así que, aprovecha y obsérvalos antes de que se pierdan en el horizonte.

Allí van.

El hombre, el niño, y los dos siervos que caminan algunos pasos atrás con una mula.

Aunque todos van al mismo sitio, solo uno de ellos tiene la plena seguridad de que Dios es mucho más que peces.

HAY MOVIMIENTO ALLÍ ARRIBA

«Entonces dijo Abraham a sus siervos:
Esperad aquí con el asno,
y yo y el muchacho iremos hasta allí
y adoraremos, y volveremos a vosotros».
GÉNESIS 22.5

Capítulo once

HAY MOVIMIENTO ALLÍ ARRIBA

«Entonces dijo Abraham a sus siervos:
Esperad aquí con el asno,
y yo y el muchacho iremos hasta allí
y adoraremos, y volveremos a vosotros».
GÉNESIS 22.5

Hay alboroto en los cielos.

Esta es exactamente la página donde voy a necesitar de toda tu atención. Si estás leyendo este capítulo en el autobús, rumbo a la fábrica, te convendría cerrar el libro y esperar a tener un momento de absoluta calma.

Tampoco te sugiero que continúes leyendo si es que estás aprovechando esos minutos previos a que se te cierren los ojos para terminar entregándote a un sueño profundo. Necesito tus cinco sentidos conmigo.

Vamos a dar una recorrida por el cosmos.

Tengo mis razones para pensar que todo lo que leerás a continuación pudo haber ocurrido. Acaso porque alguna vez pasé por esa estación de la vida, y supongo que eso me da cierta autoridad para opinar al respecto.

Como te dije, hay alboroto en los cielos.

Desde hace tres días, en el módulo de tiempo de los mortales, hay cierto movimiento atípico allí arriba. La noticia de que el patriarca Abraham tendrá que sacrificar a su amado hijo cayó como un balde de agua fría entre los ángeles.

Algunos están un tanto convulsionados. En especial, dos de ellos.

Gabriel y Miguel.

—Es algo extraño —dice el primero—, se supone que fue Dios quien le dio al profeta ese hijo en la vejez.

—Por otra parte, por lo que sabemos, de ese hijo iban a nacer millones de descendientes, muchos reyes, una nación poderosa a través de la cual el mundo entero iba a ser bendecido, una posesión eterna de la tierra prometida y un pacto eterno con Jehová —responde Miguel dejando ver un gesto de asombro.

—Quizá Abraham haya hecho algo... digamos, incorrecto.

—Oh, no. No creo que se trate de eso —replica Gabriel—, además, de haber sido así, ¿crees que Dios cambiaría todo un plan perfectamente diseñado por un error humano?

—Bueno, ha habido casos que mejor ni recordarlos...

—Pero no es este, te lo aseguro. Abraham ha demostrado que es amigo del Creador, y no hay registros aquí arriba de que haya cometido un error grave como para que Dios ya no pudiera confiar en él.

Por un momento, Miguel hace una pausa, no responde. Pierde su mirada en el cielo impecablemente azul.

—Estaba pensando —dice— qué debe sentirse en el momento en que descubres que Dios te considera su amigo. Debe ser una sensación inigualable.

—Que no te quede la menor duda, Miguel. Ese es uno de los privilegios que tienen los hombres. ¿A qué puedes temerle sabiendo que cuentas con la amistad del Creador de los cielos y la tierra?

—Supongo que a nada. Esa debe ser la razón por la que camina con su hijo hacia el monte Moriah.

Mientras tanto, en la superficie terrestre, la pequeña caravana llega a destino. El monte Moriah emerge como un enorme gigante, en medio de una meseta seca y febrilmente calurosa.

Abraham sabe que aquello que se avecina debe vivirlo de manera privada, con su hijo como único testigo.

—Bien. Ustedes pueden quedarse esperando aquí —les dice a los siervos, secándose las gotas de sudor—, yo me arreglaré con el muchacho.

—¿Está seguro de que no necesita ayuda? —pregunta uno de ellos mientras desata la leña de la mula.

—No, estará bien así. El muchacho es fuerte para cargar la leña sobre sus hombros. Por otra parte, no tardaremos mucho, adoraremos y volveremos a vosotros —culmina el patriarca mientras observa el monte que tendrá que escalar.

Los ángeles están grabando este preciso instante en sus memorias. Dentro de unos miles de años, verán a otro joven subir al monte del sacrificio. Pero con dos diferencias significativas, en lugar de doce, tendrá treinta y tres años, y en vez de leña, cargará una cruz.

Cada paso rumbo a la cima del monte parecieran como si trozos de plomo se incrustaran en las viejas piernas del profeta. Está absolutamente extenuado; no tanto por el cansancio de los tres días de camino, sino por la carga emocional que destroza su corazón.

Este es el último tramo, y es bueno aprovecharlo para meditar un poco.

Su fe no ha declinado, pero ahora siente que está demasiado cerca del último *round*. Es como si Dios se estuviese divirtiendo, tardando más de la cuenta.

¿Por qué tienen que pasar cuatro días de fiebre intensa en nuestro niño, para que finalmente Dios haga la obra?

¿Por qué razón tenemos que esperar, ansiosos, una resolución tardía de la justicia, respecto a esa demanda que ha intentado quitarnos la paz?

¿Por qué el hombre de tu vida no pudo aparecer unos cuantos años antes?

En ocasiones, sentimos que el reloj divino sufre un atraso demoledor.

Pero algo especial ocurre en el cielo. Yo diría, algo bastante singular.

Por alguna razón, ya se ha corrido el rumor entre los ángeles. Miguel y Gabriel no están solos, sino que además hay una decena más que lucen preocupados e intrigados.

Nunca, el Todopoderoso había ordenado a un mortal algo de estas singulares características. Están ante un caso que no registra antecedentes.

—Deberíamos preguntar —comenta Gabriel.

—¿Preguntar? ¿Crees que simplemente uno puede acercarse al trono blanco y sencillamente decir: «Perdóname, Señor, pero quiero preguntar?».

—No veo por qué razón no podríamos preguntar.

—Porque hay cosas que no nos son dadas a saber a los ángeles. Por esa sencilla razón. Estás completamente loco —responde Miguel— si consideras que Dios debería darnos una explicación.

—No hablo de explicaciones, yo no lo vería de ese modo. Solo opino que podríamos elegir a un delegado para que le pregunte al Señor respecto a lo que sucede con Abraham. En el peor de los casos, te dirá que a su tiempo lo sabrás, o que no lo sabrás nunca. No lo veo tan complicado.

—¿Qué intentas decir con que «te dirá»? ¿No pretenderás que sea yo quien vaya a preguntarle, verdad?

—No veo a otro más indicado que tú, Miguel. Y a decir verdad, has sido votado por unanimidad. Por otra parte, no cuentas con demasiado tiempo a tu favor, el profeta ya va rumbo a la cima.

El trono de Dios se levanta majestuoso en medio del coro superior de ángeles. Una luz indescriptible rodea el inmenso ámbito de donde está sentado el Padre. En riguroso silencio, Dios está contemplando al patriarca y su pequeño hijo. Una suave neblina pareciera envolver el cuadro celestial.

Miguel se acerca respetuoso al gran trono del Señor.

—Dios Todopoderoso —dice, arreglándose la garganta—, no tienes que responderme si no lo deseas. Pero sucede que tenemos, digamos, una pequeña duda que quizá quisieras disiparnos.

No sé por qué exacta razón, quizá sea por haberlo oído en la intimidad de mis oraciones, pero estoy seguro de que a Dios le gusta reír.

La carcajada se oye en todo el cielo. Él sabe lo que Miguel ha venido a preguntarle, obviamente.

—Dile a los demás que no tienen de qué preocuparse. Solo es una crisis. Una prueba de su fidelidad. No dejaré que le haga daño al muchacho.

Miguel siente que su corazón vuelve a su debido cauce. Una crisis. Eso es todo. De eso se trata, de una prueba.

Ahora sí hay buenos motivos para que todos se tranquilicen.

Eso es lo bueno de saber que el Señor está al control de todo lo que sucede.

Él no te da una carga más pesada de la que podrías soportar. Es la seguridad de que si Dios lo permite es porque hay un loable propósito detrás. Que juntamente con la prueba, preparó la salida.

Abraham puede quedarse tranquilo, a pesar del angustiante dolor, sabiendo que Dios está presente.

Conozco una persona que podría dar prueba de ello. Se llama Carlos Hernández, y fue mi coordinador general por varios años. Me cuesta definirlo debido a que tiene una personalidad muy singular.

De todos modos, intentaré darte un panorama general de su vida. Tiene más de cincuenta años, aunque jamás ha dicho su edad y se empeñe en decir que apenas pasó los treinta y tantos.

Pero aún no estoy contándote quién es en realidad.

Carlos es tozudamente intransigente.

Para los que lo conocen por primera vez, algunos ribetes de su temperamento se asemejan a «Terminator», el personaje de la película de James Cameron.

Carlos tiene una cualidad por la cual lo he contratado y se me ha hecho imprescindible en cada cruzada. Jamás se da por vencido. Inclusive, es ese mismo adjetivo el que le ha traído algunos inconvenientes más de una vez.

Él sabe que si Dios le ha encomendado una misión, no importa todo lo que pueda suceder en el camino. Ha manejado el autobús del equipo durante más de veinte horas, hasta que el cansancio lograba doblegarlo. Pero cuando alguien opinaba que debía descansar, él contestaba al mejor estilo de Schwarzenegger: «Hay que terminar la misión».

En una de las últimas etapas del *tour* evangelístico que realizamos por nuestro país durante el año 2000 en la zona más austral del mundo, Usuahia, Carlos se enfermó de una grave infección en su pierna. Honestamente, ese no era el mejor momento para que algo así ocurriera, dado que se trataba de la cruzada número veintidós luego de un intenso periplo que nos llevó por todo el territorio nacional.

Aun así, trató de alistar los equipos, junto al resto de los muchachos, durante la mayor parte del día. Para el atardecer, ya casi no podía caminar. La pierna estaba completamente inflamada.

Así que, en persona, me acerqué a él y le ordené que se fuera a descansar.

Luego de una breve discusión, y de alegar que «aún podía hacer un esfuerzo adicional», Carlos se retiró al hotel.

Sabíamos que no lo podríamos contener allí por mucho tiempo, así que, previendo cualquier cosa que pudiera estar pensando, me acerqué hasta su habitación y le dije que nos arreglaríamos sin él. Que si la infección empeoraba, ni siquiera iba a poder regresar a casa.

Carlos asintió de mala gana y se recostó a dormir.

Antes de retirarme del hotel, le dije al conserje, que bajo ningún punto de vista, dejara escapar a ese hombre robusto y de cejas pobladas.

A las pocas horas, miles de personas abarrotaban el estadio del sur del país en una de las cruzadas más poderosas que jamás hayamos tenido.

Cuando estaba justo en medio del sermón, algo me llamó poderosamente la atención. Carlos estaba ordenando las filas de la gente que no había podido encontrar asientos libres. Supuse que quizá amordazó al conserje, pero de alguna manera, había logrado escaparse del hotel para estar allí, junto a nosotros.

Cuando el servicio terminó, le pregunté por qué estaba allí en lugar de estar en cama.

Estoy seguro de que ni él debe recordar lo que me respondió, pero aún lo recuerdo. Se puso muy serio y dijo:

—No puedo quedarme en otro sitio sabiendo que Dios está en control. Solo me quedaría paralizado si pensara que no está, pero si tengo la convicción de que Él está presente, aunque me duela la pierna, quiero estar moviéndome.

Muchos miles de años atrás, el viejo profeta siente esa misma seguridad, está en movimiento a pesar del dolor de un corazón inflamado. O por lo menos, por el momento.

—Nunca dudé que fuese capaz de sacrificar a su hijo —dice el Señor.

—¿No? —pregunta incrédulo Miguel—, puedo preguntarte entonces, ¿cuál es el propósito de la prueba?

—¿El propósito? Es muy superior que solamente probar si sería capaz de negarme lo que más ama. He esperado este momento por más de ciento doce años, ya verás el propósito —dice el Señor sonriendo.

Los ángeles respiran aliviados. A esta altura, unos doscientos de ellos observan con profundo respeto lo que va a ocurrir en el monte Moriah.

—Quédate por aquí, Miguel —continúa diciendo Dios—, te diré cuándo debes avisarle a mi amigo que no lo haga.

Qué bien le sonó esa palabra al ángel. Amigo. Y por si fuese poco, él tendrá el placer de decirle al amigo del Creador que no mate a su hijo.

Mientras que el patriarca y su hijo dan los últimos pasos en silencio hacia la cima, Miguel piensa que, después de todo, este será un buen día.

El día que finalizará la crisis del profeta, frente a un público de ángeles que lo admiran profundamente.

Por su valor, y por sobre todo, por lograr la atención de Dios y todo un cielo.

Lo cual es más de lo que puede pretender cualquier hombre que haya pasado por la tierra.

EL GRITO DE UN ÁNGEL

«Y cuando llegaron al lugar que Dios le había dicho,
edificó allí Abraham un altar,
y compuso la leña, y ató a Isaac su hijo,
y lo puso en el altar sobre la leña».

GÉNESIS 22.9

Capítulo doce

EL GRITO DE UN ÁNGEL

«Y cuando llegaron al lugar que Dios le había dicho,
edificó allí Abraham un altar,
y compuso la leña, y ató a Isaac su hijo,
y lo puso en el altar sobre la leña».

GÉNESIS 22.9

El viento sopla sin piedad sobre la cima del monte.

La figura recorta la silueta de Abraham sobre el horizonte, apenas apoyado, casi suspendido sobre su bastón arqueado. Acaba de arribar a lo más alto de Moriah, y se siente fatigado.

A lo lejos, un águila reposa con recelo, haciendo movimientos nerviosos con su cabeza. Es el único testigo silencioso, que observa sigilosamente desde una peña.

«El cielo no debería estar así», dice entre dientes.

El patriarca comienza a sentir que finalmente Dios no intervendrá. Que no llegará a tiempo, ni está entre sus planes ayudarlo a salir de esta crisis.

Pero también está consciente de que es hora de construir el altar.

El hombre se hará cargo de las piedras más grandes, y el muchacho, de las pequeñas.

Mientras hace un último esfuerzo por levantar cada roca, siente que Dios está más lejos que de costumbre. Que el Creador ha decidido ignorarlo arbitrariamente. La amarga sensación de sentirse solo, en medio de la nada.

También cree que ya es hora de decírselo al muchacho.

Durante tres días ha estado meditando en cuáles podrían ser las palabras correctas. Cómo decirle a la razón de su vida que debe asesinarlo, y lo que es peor, en nombre de Dios.

También ha pensado mucho en Sara. No está demasiado seguro de que lo comprenderá tan fácil. Quizá le reclame por no habérselo dicho; habría tenido la oportunidad de estar allí en las horas finales de su hijo, por lo menos.

Pero no lo juzgues apresuradamente. Abraham no está acostumbrado a estas cosas. Ciento y tantos años de vida no lograron prepararlo para este momento.

—Isaac, ven aquí, tenemos que hablar —dice, como interrumpiendo sus propios pensamientos que no le han dado tregua.

El muchacho es inteligente y sagaz. Sabe que algo anda mal, y le parece sospechar de qué se trata.

—No tienes nada que decirme, papá —dice—, sé lo que vas a decirme, y puedes contar con que lo entenderé.

¿Querías ver a un padre asombrado? Aquí lo tienes. El viejo profeta se lleva la mano a su corazón y busca una piedra donde sentarse, mientras que el chico sigue sonriendo, como si realmente nada trágico estuviese pasando.

—¿Quieres decir que todo el tiempo sabías lo que estaba ocurriendo? —pregunta incrédulo Abraham, no dando crédito a lo que su hijo acaba de decirle.

—Por supuesto. Aun cuando intentabas hacerme ver que tenías todo bajo control, yo sabía que algo no estaba bien. Sé que te olvidaste el cordero, y pensabas que Dios iba a proveerlo. Pero no tienes de qué preocuparte, puedo bajar y regresar por uno.

Las palabras surgen a borbotones de la boca del muchacho al igual que su inocencia. Abraham cree que la vida le está haciendo una broma de mal gusto. De igual manera, juega con las mejillas de Isaac, y le dice:

—No se trata de un problema de mala memoria. No podría olvidarme del cordero. Mucho menos tratándose de un sacrificio para Jehová, pequeño —y agrega—: Tú sabes que siempre he tratado de tener todas las respuestas, pero no creo que vayas a comprender lo que tengo que decirte.

El muchacho está petrificado. Nunca ha visto a su papá tan serio y preocupado. Bueno, quizá aquella vez que dejó escapar a gran parte del ganado y se ganó una penitencia, pero esto tiene que ser algo mucho más serio.

Abraham abre su boca, pero no logra encontrar las palabras adecuadas. Acaso porque cuando se trata de matar a un hijo, tal vez no existan en ningún vocabulario del mundo.

De todos modos, el muchacho ya leyó los ojos de su padre. No hacen falta las palabras.

—¿Vas... a... sacrificarme a mí? —pregunta con la voz entrecortada.

El hombre asiente con un ligero movimiento de cabeza.

Ahora se funden en un silencioso abrazo. Para serte honesto, no pude ver de quién fue la iniciativa, tal vez fue su hijo que se arrojó al seno de su padre. O quizá fue Abraham el que lo empujó hacia sí mismo.

Sea quien fuere, acaban de conmover a los cielos.

Miguel está desesperado y demasiado ansioso. Detrás de él, ya no hay un par de centenas de ángeles; sobrepasan los mil quinientos espectadores que baten sus alas de un sitio a otro.

Mientras tanto, Dios sigue observando con detenimiento. Como quien, a través de una lupa, no quisiera perderse un solo movimiento de su pequeño amigo.

—Déjame bajar —implora Miguel—, ¡va a matar a su hijo!

—Aún no —dice el Señor—, sé cuál es el límite de mi siervo, y estoy seguro de que puede soportar un poco más. Por otra parte, todavía no ha hecho aquello por lo que he estado esperando durante más de cien años.

Abraham sabe que el muchacho no se resistirá al sacrificio, pero aun así considera que sus propios instintos naturales pueden traicionarlo. Así que saca una soga del improvisado equipaje y le pide a Isaac que junte sus muñecas y sus pequeños tobillos.

El niño obedece, mientras solloza casi en silencio.

Este no era el día de campo que soñaba pasar con su padre. Él también, aunque apenas tuviera doce años, tenía sus propios planes. De regreso a casa, quería pintarle un cuadro a su madre, y si no llegaban muy de noche, quizá remontar un cometa por el aire. También tenía otros proyectos para el próximo fin de semana. Cualquier cosa, menos morir. Y mucho menos en manos de su padre.

Abraham no la está pasando mejor.

Detente en la manera en que está maniatando al niño. Es el nudo más difícil de hacer de toda su vida. ¿Crees que está muy viejo para ceñir con fuerza a alguien de doce años? No lo subestimes, recuerda que ha atado corderos que no estaban dispuestos a morir, durante toda su vida.

Si tarda es porque aún imagina que puede haber una contraorden del cielo. Un imprevisto giro de la historia. Una voz que le diga que todo fue una broma pesada.

Ahora sí hay una revolución en el cielo. Unos tres mil ángeles contemplan el patético cuadro del solitario Moriah. Si prestas atención, podrás oír un murmullo continuo. Se preguntan si Miguel no se está retrasando en salir. Si acaso algo puede salir mal. Si Dios tiene en cuenta que cada minuto que corre peligra aún más la vida del pequeño, cuyo nombre significa «risa».

—¿No sería conveniente que baje? —pregunta Miguel mientras hace el ademán de querer descender.

Dios levanta su mano y le dice:

—Aún no. Mi siervo puede soportar un tanto más. Sé que puedo confiar en él.

Isaac ya está atado, y ahora su padre lo carga como si fuese un bebé y lo deposita en el altar. El niño no ha parado de llorar amargamente.

No quiere morir. Tampoco está muy seguro de que esto tenga que ser así.

—Hijo, mi pequeñito —dice el patriarca—, si deseas decirme algo, creo que este es el momento de la despedida.

Siempre tuve dudas de cuáles pudieron ser aquellas últimas palabras del muchacho. Pero como también soy padre de dos niños, no tengo que hacer demasiado esfuerzo para imaginarlas.

—Solo que hubiese preferido que me lo dijeras cuando salíamos de casa, papá. No me despedí de mamá como habría querido. Apenas le di un beso, estando dormida, y la extraño mucho.

Las palabras de su hijo terminan por quebrar al hombre. Ya no puede fingir que todo está bajo control. Es imposible ver a tu niño indefenso sobre un altar de sacrificio, y permanecer entero.

En una ocasión, nuestro niñito más pequeño, Kevin, se abrió un gran tajo en su frente, con el picaporte de un gran ventanal de casa. Recuerdo que mi esposa se asustó muchísimo de verlo bañado en sangre. Lo llevamos de urgencia a una clínica de emergencias, y lo más difícil fue cuando lo deposité en una fría camilla para que los médicos suturaran la herida.

—Tenga mucho cuidado —le dije—, es mi hijo.

Aunque los médicos hacían su trabajo lo mejor posible, y yo trataba de estar tranquilo para que mi esposa no se preocupara, recuerdo haberme ido hacia un costado de la sala para poder llorar.

Miré a mi esposa y le mencioné que si hubiera podido hacerlo, con todo gusto tomaría su lugar. Hubiese dado cualquier cosa porque de alguna manera pudieran suturar mi frente y dejar en paz al niñito.

Así que imagino lo que siente Abraham cuando su hijo lo mira desde el altar. Indefenso y con los ojos hinchados de llorar.

A esta altura, unos siete mil ochocientos ángeles contemplan la escena. Pocas veces, el cielo estuvo tan conmocionado. Dios no ha hablado una sola palabra durante la despedida entre padre e hijo, pero Miguel está asustado.

—Lo va a matar —dice—, sé que lo hará y no podré llegar a tiempo.

—Llegarás —responde el Señor—; tranquilo, que llegarás.

Aquel hombre que alguna vez almorzó con quien creó las estrellas y los cielos, ahora calienta el cuchillo sobre las llamas del fuego. Sabe que su hijo, por lo menos, no debe sufrir. Debe ser rápido y expeditivo. Las lágrimas de un hombre que conoció los mil desiertos parecen las de un pequeño que se siente abandonado en una gran ciudad.

Dedica estos últimos instantes a mortificarse aún más.

Piensa en la soledad de la habitación del niño, cuando tenga que regresar.

En Sara. En la manera en que se lo dirá.

Es que siente que su corazón está demasiado viejo para este tipo de penas. Siente que una parte de él también ha de morir junto al muchacho, o lo que es peor, respirará la muerte en cada suspiro que le reste de vida.

Considera que hubiese sido mejor no haber conocido al muchacho. Si le hubieran dado a elegir entre una esposa de vientre estéril y este momento, estoy seguro de que elegiría la primera opción.

—¡Papá!

El grito de Isaac interrumpe abruptamente los pensamientos de Abraham.

—¡Papá! —insiste.

Curiosamente, con cada grito del muchacho, Dios comienza a incorporarse. Con lentitud, como un ciudadano que oye las primeras notas de su himno nacional. El Señor se pone en pie, mientras más de ocho mil ángeles retroceden varios pasos.

En ese mismo instante, el viento comienza a soplar más fuerte en la cima del monte. Y el profeta no quiere oír el llamado de su hijo.

—¡Papá! ¡Tengo algo que decirte! —implora desesperado.

El hombre hace caso omiso. Teme lo peor. *Si todo está marchando más o menos bien así, no hay razones para empeorarlo*, piensa. Quizá su hijo le ruegue que lo desate, o le diga que no está dispuesto a morir. Tal vez le pida la oportunidad de dejarlo despedir de su madre. No es una buena idea. Tendría que decidir entre la orden de Dios y el pedido de su amado hijo. No quiere estar entre la espada y la pared.

Es entonces que Dios habla. Pero no de la manera en que estás pensando. Aún no permite que lo oiga Abraham. Solo menciona una frase que se deja oír en todo el cielo.

—Vamos, Abraham. Escucha a tu hijo. Haz lo correcto. He esperado este momento durante mucho tiempo —dice.

Miguel sigue insistiendo en descender.

—Se acercará, lo matará y todo va a terminar de golpe en una tragedia —opina.

—Te equivocas, aún falta lo mejor —dice el Creador, y agrega—: vamos, Isaac, insiste un poco más. Tu padre tiene que escucharte.

Aunque los gritos del niño se mezclan con los sonidos del viento, su padre sabe que no podrá ignorarlo por mucho más tiempo.

Deposita el cuchillo sobre la leña, y se acerca al muchacho.

—Papá —dice jadeante—, vas a matarme y aún no hemos adorado. Prometiste que adoraríamos. Y aún no hemos cantado ni una sola canción.

Qué ocurrencia.

Se nota que es inmaduro y que la vida no tuvo tiempo de enseñarle cuándo es que alguien debe cantar. Abraham quisiera enseñarle cuándo se supone que un adulto deba adorar.

Tal vez deba aclararle que este no es el momento ni el lugar apropiado para cantar.

Que uno suele cantar en el servicio de los domingos, cuando sabes que te están observando.

O cuando grabas un disco y aparecerás en la portada. O tal vez en el coro, cuando sabes que están filmándote. O cuando posas para las fotografías. También es bueno hacerlo en una noche de celebración.

Pero, pequeño Isaac, un adulto maduro no canta después del sepelio de un ser amado. Tampoco luego de enterarte de los resultados negativos de un examen médico. Mucho menos cuando esa enfermedad sigue intacta o cuando las deudas te arrastran a la quiebra.

Alguien debería decirle al niño que se canta durante los domingos.

Pero que nadie canta un lunes por la mañana.

Que se adora en las llanuras verdes, y no en la soledad de los desiertos.

Bueno, tal vez no esté tan equivocado después de todo.

Tal vez por esa misma razón, miles de años después, el Señor mencione que debiéramos ser como este niño para comprender el Reino.

Quizá, justamente esa canción sea lo que haya estado esperando Dios durante tanto tiempo.

Convengamos en que Abraham no quiere cantar. No lo siente. No tiene ganas. No hay ánimo para un servicio de celebración, pero aun así, sabe que no puede negarle un último deseo a quien está condenado a morir. Y aunque no le encuentra sentido, le pregunta a su hijo qué quisiera cantar.

Sé que hemos ido demasiado lejos, pero quiero que me acompañes un poco más.

Mientras que estemos en la tierra, nunca sabremos qué canción pudieron haber entonado. Pero siempre imaginé que, de haberla sabido, habrían elegido la bellísima «Cuán grande es Él».

La voz del niño comienza a confundirse con la desafinada voz de su padre.

Señor mi Dios, al contemplar los cielos,
el firmamento, y las estrellas mil,
al oír tu voz, en los potentes truenos,
y ver brillar, al sol en su cenit.

Por un momento, trata de olvidar a este improvisado dúo de cantantes y levanta tu mirada un poco más.

Dios está sonriendo.

Ha esperado más de ciento doce años por esta canción.

—Escuchen —dice—, oigan y deléitense. Este era el propósito de la crisis.

Qué diferente suena a muchas canciones huecas y religiosas de domingo. Escuchen el corazón de un hombre quebrado, junto a su niñito. Ni siquiera sospecha que puedo estar oyéndolo, pero aun así, está cantándome.

Es un bálsamo reconfortante para mis oídos.

Mi corazón, entona la canción,
Cuán grande es Él, cuán grande es Él.

—¿No crees que ya está bien? —dice Abraham.

—No papá, cantemos solo un poco más —implora el pequeño.

Mi corazón, entona la canción,
Cuán grande es Él, cuán grande es Él.

Déjame decirte que estoy seguro de que en toda la historia hubo solo dos momentos en que los cielos enmudecieron por completo. Cuando crucificaban al Señor en el Gólgota y en esta ocasión.

El murmullo de los ángeles se ha detenido por completo. Coros superiores e inferiores pararon de cantar. Los mejores barítonos y tenores que ha dado el cosmos del universo, escuchan en silencio la canción del viejo profeta y su pequeño hijo, que sube desde el lejano monte Moriah.

A pesar de estar cantando, los ojos del profeta denotan que está en crisis. Piensa que no debería estar elevando una adoración, pero lo hace, aun a pesar de su estado de ánimo.

Si tengo que serte demasiado frontal, te diré que la canción no suena del todo bien. No hay orquesta ni tonos que seguir. Las voces son desparejas, y ninguno de los dos están afinando.

Pero es lo que menos le importa al cielo ahora. Dios está oyendo sus corazones.

La prueba tenía su fecha de vencimiento. Tenía hora, momento y lugar para finalizar la crisis. Era exactamente cuando comenzaran a cantar.

Sé que lo has oído decenas de veces. Me refiero a la idea de alabar en medio de la angustia. Pero estoy seguro de que al igual que Abraham no sospechabas que cuando lo haces en medio de la noche más oscura de tu alma, tienes al mejor público que un artista jamás ha soñado tener: al mismísimo Dios y millares de ángeles que te oyen en silencio.

Mi corazón, entona la canción,
Cuán grande es Él, cuán grande es Él.

Las últimas estrofas parecen mezcladas con las lágrimas de dos seres que se han aprendido a amar demasiado en estos últimos años. El padre esperó por más de cien años para ver jugar a ese muchacho. Tiene los vívidos ojos de su madre. Su mismo mentón. Y por sobre todo, unos deseos ardientes de vivir.

Abraham se despide del chico con un beso en la frente. Le murmura algo al oído. No alcancé a escucharlo del todo.

Tal vez le dijo algo como:

—Nos vemos pronto en el cielo.

Ahora sí piensa que esto debe terminar de una buena vez. Considera que el cielo no debería estar tan inerte, tan gris. Y se le cruza por la mente que hubiese sido mejor no haber cantado.

Es entonces cuando Dios le dice a Miguel que detenga la muerte del pequeño Isaac.

Miguel comienza a descender a la velocidad de la luz. Atraviesa el segundo cielo, el primero, la vía láctea, los planetas.

Abraham levanta el cuchillo mientras que el muchachito cierra los ojos para no ver el impacto. Miguel piensa que no va a llegar a tiempo. Que quizá salió demasiado tarde. Que no podrá detener la indeclinable decisión del profeta.

Venus, Plutón, Júpiter, Marte y Neptuno son mudos testigos de la carrera vertiginosa de un ángel que tiene un mensaje de Dios y un diploma que otorgar.

El hombre observa el cielo gris por última vez, y finalmente, baja el cuchillo.

Es cuando todo el monte oye el grito de un ángel.

—¡Abrahaaaaaaaaaaaaaam!

El patriarca detiene el puñal apenas unos pocos milímetros antes del pecho de su hijo.

El ángel se recuesta sobre una de las rocas. También se le ve fatigado. Estuvo cerca, demasiado cerca.

—Tengo un mensaje de parte de Dios; no tienes que matarlo, no le hagas daño —dice, mientras desenvuelve un pergamino—. Él dijo que conoce que le temes porque no le has negado a tu único hijo.

Estoy seguro, amado lector, de que no quieres irte del monte justamente ahora. Pagarías cualquier fortuna por verle la cara al profeta. Es exactamente la misma expresión que tendrás cuando el ángel grite tu nombre. El mismo gesto de aquella vez que apareció justo cuando no lo esperabas.

La misma sonrisa de cuando te enteraste que no todo estaba perdido en tu familia. O cuando bebiste del néctar de una nueva oportunidad divina. O aquella vez que ni siquiera sabes de dónde, apareció el dinero para pagar esas mortificantes cuentas.

Un inmenso telón gris comienza a abrirse dejando paso a los primeros rayos de un sol radiante. El viento pareciera que ha desaparecido por completo. Ya no golpea la cara y los cabellos con impetuosidad. Ahora, solo es una suave brisa refrescante.

El hombre desata al niño, que confusamente llora y ríe a la vez, haciendo honor a su nombre. Y la potente voz del cielo vuelve a oírse. Pero esta vez, es el Amigo. Aquel que almorzó con él carne asada bajo un árbol, hace poco más de diez años, cuando este hombre aún no sabía lo que era tener un hijo propio.

Le habla de multiplicación y de bendiciones. Menciona que sus hijos serán tantos como las estrellas del cielo, a lo que el profeta no puede evitar reír.

También le dice que su descendencia será más fuerte que cualquier enemigo.

Y que por cada grano de arena que se le haya incrustado en el alma, le dará un hijo. Pero nota como Dios se lo dice:

—Tus hijos serán como la arena que está a la orilla del mar.

No cualquier arena. No está hablando de esos granos desérticos y pedregosos del solitario desierto de la prueba. Sino de aquella arena húmeda en la que podrá recostarse a descansar, sintiendo la suave brisa del cercano mar en su rostro.

Mientras abraza al pequeño, Abraham vuelve a llorar.

Pero estas son lágrimas distintas.

Ya no hay dolor en el corazón del viejo patriarca. Son las lágrimas de quien ha terminado una crisis, y recibe su diploma de honor.

CONCLUSIÓN

Lo has hecho bien

«En tu simiente serán benditas
todas las naciones de la tierra,
por cuanto obedeciste a mi voz».
GÉNESIS 22.18

Nunca pude aprender a nadar, y mis hijos lo saben.

Así que podrás imaginarte que no soy el guardavidas más confiable que ellos podrían esperar. Pero aun así, Brian se empecinó en aprender a nadar.

—No sé si pueda lograrlo —dijo temeroso la primera vez que intentaría dar algunas brazadas.

Mi esposa me había alertado a que no le transfiriera mis temores inconscientemente. A decir verdad, nunca me ha gustado el agua. Me refiero a tanta y en una sola piscina. Pero ahí estaba mi pequeño, con su traje de baño, unas antiparras de buzo, y un inmenso tiburón de hule, por si no hacía pie.

—No tienes de qué temer —le dije—, puedes nadar con una sonrisa, que papá te estará observando.

—¿Vas a mirarme todo el tiempo? —preguntó.

—Puedes contar con eso. Aun cuando estés en el fondo, tienes que estar seguro de que estaré mirándote, todo el tiempo.

Por supuesto que nunca se enteró de que le pedí a mi esposa, que sí sabe nadar, que no me dejara solo con tamaña responsabilidad. Pero mi niño comenzó a nadar sonriendo, sabiendo que tenía el mejor público al que había aspirado: su propio padre, por todo el tiempo que estuviera en el agua.

Creo que eso fue lo que más impactó al patriarca, entre muchas otras cosas. Que cuando los cielos se abrieron, se dio cuenta de que Dios lo había estado observando todo el tiempo. Cuando recibió la orden, aquella noche de insomnio, durante los tres días de camino, e inclusive cuando estuvo a punto de bajar el cuchillo. No hubo ni un solo instante en que los cielos dejaran de observarlo. Abraham tuvo el mejor público de todo el mundo, y el universo.

Ahora, desciende del monte con una sonrisa, mientras oye los planes del muchacho. Isaac habla a borbotones, y mezcla sus palabras con una risita contagiosa. Es un placer verlo con ese ánimo otra vez.

Los cielos aún permanecen abiertos. Por lo menos hasta que el hombre y su hijo terminen de descender la montaña.

Ya no puedo contar a los ángeles, son millares que ovacionan al profeta de pie.

¿Acaso no lo sabías?

Claro que sí. Hay una ocasión, solo una, en que todo ocurre al revés de lo acostumbrado. Existe un momento en la vida de todo hombre que ama a Dios, en que no será él quien tenga que aplaudir. Hay un bendito instante en que se le permite a los cielos aplaudir y vitorear al hombre.

Lo que hasta hace un momento solo era un solitario monte de sacrificio, ahora es un escenario donde los ángeles festejan.

Es que lo han presenciado todo. Y difícilmente, ellos puedan igualar semejante travesía. Ni siquiera el mejor cantor de la eternidad podría entonar una melodía como la del viejo profeta y su niño en la cima de la montaña, y en esas circunstancias.

Posiblemente, en unos años, Abraham tendrá que pasar otros valles y otras pruebas. No será la última vez en que sienta el amargo sabor de la arena. Por esa razón, tratará de grabar esta imagen y estos aplausos que provienen del infinito. Le hará bien recordarlos en su próximo desierto.

Pero, fundamentalmente, habrá aprendido lo más importante.

Sabrá que nunca jamás deberá sentirse solo, aunque el cielo se cierna apático y gris.

Tendrá la plena seguridad de que aunque por momentos la crisis se torne insoportable, el Padre estará observándolo todo el tiempo que permanezca sobre la arena. Y cuando sienta que ha llegado al borde de sus fuerzas, en la situación más límite, el Padre enviará un mensajero y gritará su nombre.

Así que, como mi niño, aunque esté en el fondo, podrá permitirse nadar y sonreír.

Mis respetos al querido patriarca y a todos aquellos que transitan el desierto.

Lo has hecho muy bien, hombre. Tú también lo hiciste bien, muchacho.

Se merecen esta ovación por haberle obedecido.

Saluden al cielo, que solo se permite aplaudir de pie a aquellos que han cruzado victoriosos *las arenas del alma*.

ACERCA DEL AUTOR

D ante Gebel es un reconocido conferencista, orador, actor y conductor de televisión.

Es el pastor de River Arena en Anaheim, California, una de las iglesias de mayor crecimiento en el mundo hispano. Su programa «Dante Gebel Live» emite sus conferencias a canales de todo el mundo; además, él conduce y produce un programa nocturno que se emite de costa a costa en Estados Unidos, llamado «Dante Night Show», donde lleva a cabo monólogos humorísticos acerca de la vida cotidiana, entrevistas a famosos y reflexiones.

Dante ha escrito varios libros: *El código del campeón*, *Pasión de multitudes*, *Monólogos de Dante Gebel*, *Los Mejores Mensajes I y II*, *Destinado al éxito* y *El amor en los tiempos del Facebook*.

Ha realizado varios espectáculos multitudinarios en diferentes estadios de América, a los que llama Superclásicos de la Juventud.

Gebel es reconocido en el mundo hispano como uno de los oradores más extraordinarios enfocados en la juventud y la familia, capaz de conducir al público por las más fascinantes historias que van desde las risas hasta las lágrimas. Es llamado por la prensa «el pastor de los jóvenes».

Dante reside en Anaheim, Estados Unidos; está casado con Liliana y tienen cuatro hijos: Brian, Kevin, Jason y Megan.

www.dantegebel.com
www.riverchurch.org